부모와 함께 즐기는 우리아이 행복 프로젝트

# 잠든 뇌를 깨우는 보드게임

•창의교육 편•

장진태 지음

홍릉과학출판사

# 추천사

**윤형섭(게임학박사, 상명대 교수)**

이 땅의 모든 사람들은 행복하기 위해서 살아간다. 그런데 한국의 학교와 가정에서는 즐겁고 행복하기 위해서는 많은 것들을 인내하고 기다릴 줄 알아야만 한다고 가르친다. 아이들은 고등교육을 받은 엄마의 말이니 마지못해 따르긴 하지만 마음 속 깊이 잘 이해되지는 않는다. 아이들이 인간의 본능인 재미와 즐거움을 추구하지 않는다는 것은 우울하게 될 수 있다는 것을 의미한다. 스튜어트 브라운 박사는 〈놀이〉라는 책에서 놀이의 반대말은 우울함이라고 주장했다. 이 책에서 ADHD를 겪고 있는 한 어린이는 그저 친구들과 뛰어노는 프로그램을 몇 주간 참여했을 뿐인데 병이 다 나았다는 사례를 소개하고 있다. 즉, 아이들의 정신질환은 대개 잘 뛰어놀지 못한 것에서 기인할 수도 있다는 것이고, 그저 친구들과 잘 노는 것만으로도 많은 것들을 배우고 즐겁게 지낼 수 있다는 것을 의미한다.

사람들은 즐거움을 추구하는 본능이 있다. 사람뿐만 아니라 조류와 포유류도 즐거움을 위해 논다. 오리는 미끄럼틀에서 놀이를 즐길 줄 알며, 북극곰은 사나운 사냥개와 같이 뒹굴며 노는 것을 선택한다. 사자는 달리기, 뛰기, 구르기 등을 하며 논다. 동물학자들은 사자의 놀이과정을 사냥 기술을 배우기 위한 것으로 해석하고 있다. 즉 놀이가 곧 배움이라는 것이다. 그렇다면 고등동물들은 왜 놀이를 하는 것일까? 아마도 더

나은 방향으로 진화하기 위해서 선택한 것일 것이다. 왜냐하면 고대부터 놀이는 새로운 예술 창작을 가능하게 했고, 세상에서 조화롭게 살아가는 방법을 가르쳐 주었으며, 인간 사회의 윤활유 역할을 해왔다는 것은 모두 다 아는 사실이다.

4,300년 이상의 역사를 갖고 있는 보드게임인 바둑은 고대 중국 요순시대에 자식의 어리석음을 깨우치기 위해 만들었다고 전해지고 있다. 2,500년의 역사를 갖고 있는 장기(將棋)도 초한시대의 전쟁을 상징화하여 전략과 전술을 가르치기 위한 도구로 만들어졌고, 약 4,000년 전 차트랑가(chartranga)라는 고대 인도의 게임에서 유래되었다는 체스(chess)도 귀족의 자제들에게 전략과 전술, 통치술을 훈련시키는 데 사용하였다고 한다. 즉 게임의 원형은 원래부터 교육과 훈련이 목적이었다는 것을 알 수 있다. 〈게임의 재미 이론〉의 저자 라프코스터는 그의 책에서 게임은 학습의 다른 이름이라고 주장하고 있다. 즉 사람들은 배우는 것을 좋아하며 외부적인 압박이 없다면(자발적이라면) 배움에서 즐거움을 얻는다고 하였다.

"실컷 놀아본 사람이 사회생활도 잘 한다"는 말을 모든 사람이 깨달았으면 좋겠다. 우리 인류는 놀이와 게임을 통해 친구를 사귀고 규칙을 배우며, 무언가를 배워나간다. 놀이를 통해 논리성과 문제 해결능력을 배운다. 또한 의사결정능력과 전략적 사고, 그리고 예측 능력도 기를 수 있다. 이 모든 것이 놀이를 통해서 가능해진다.

그런 면에서 보드게임의 인식이 부족한 한국에서 기능성 보드게임의 장점을 소개하고 교육적으로 활용할 수 있는 방법까지 제시한 이 책은 일독할만한 충분히 가치 있다. 교육열은 높지만 부모가 많은 것을 해주려고 노력하다 보니 고기를 잡는 것보다는 생선을 가져다주고 있는 한국 교육의 현실에서 이 책은 충분히 색다른 가치를 발휘하여 이 책을 읽는 독자의 아이들을 창의적으로 만들어 줄 것이다.

2016년 여름 북한산 기슭에서 윤형섭

# Prologue

## 아이들에게 공부는 왜 '재미'가 없을까요?

아이들에게 재미란 세상의 전부입니다. 어른들은 세상을 흑백논리로 갈라놓기 일쑤지만, 아이들은 세상을 '재미있는 것'과 '재미없는 것'으로 구분합니다. 재미있다면 앞뒤 안 가리고 달려들지만, 재미없다면 눈길 하나 주지 않습니다. 아이에게 재미란 흥미와 관심을 이끄는 일종의 심리적 만족감이지요.

재미는 교육용 프로그램의 가장 기본적인 요소가 되었습니다. 그래서인지 요즘 초등학교의 교과서를 보면, 아이들의 재미나 흥미를 끌기 위해서, 부모의 세대의 것과는 다르게 무지개 색과 예쁜 그림들로 가득 차 있지요. 책을 펼치면 글자보다는 그림삽화가 꽉 차 있습니다. 그럼에도 불구하고 우리 아이들은 책을 읽지 않고, 공부에 쉽사리 재미를 느끼지 못합니다. 왜 일까요?

예전에는 학생이 공부를 안하면, 무조건 학생 본인의 책임이었습니다. 학교 선생님들은 아이의 머리가 나쁘다거나, 게으르다거나 혹은 집중력이 떨어진다고 아이를 나무랐습니다. 그러나 교사중심에서 학생중심의 교육패턴이 바뀌면서 이젠 선생님들이 난처한 입장에 처하게 되었지요. 바로 학교 선생님들이 재미없게 가르치기 때문에 학생들이 공부를 하지 않는다는 핑계입니다.

그래서 요즘에는 '창의적인 교수법'이라고 말하면서 다양한 교육방법이 시도되고 있습니다. 자기주도적 공부, 스토리텔링형 공부법이니, 혹은 거꾸로 학습법(flipped-learning, 먼저 각자 온라인 동영상수업으로 학습 개념을 이해하고, 교실에서 모여 수업 활동과 토론중심으로 과제를 수행하는 역진행 방식) 등이 인기를 끌고 있지요. 학습교재는 서술형 문장보다는 만화로 그려진 이야기중심으로 바뀌고, TV 동영상의 입체적이고 생생한 방법으로 대체되고 있습니다.

그러나 이렇게 엄청난 교육 변화와 교사의 다양한 시도에도 불구하고, 아이들은 왜 여전히 공부에 재미를 느끼지 못하는 것일까요? 학습 개념을 스스로 이해하고 터득하기 보다는 왜 PC게임이나 TV만화에 빠져 있는 것일까요?

## 자기주도적 교육방식의 허와 실

최근 몇 년 동안 '자기주도적 학습방식'이 학교와 학원가에 유행을 떨쳤습니다. 이것은 아이 스스로 학습을 계획하고, 수행하며 면밀하게 점검해 나가는 공부방법이지요. 선생님이나 부모들은 아이를 도와주는 역할을 할 뿐, 직접 나서서 지식을 주입시킨다고 아이 공부가 되는 것이 아니라는 말이지요. 참으로 멋지고 당연한 말입니다. 그러나 현실적으로 곰곰이 생각해보면, 아이가 혼자서 공부하라는 말 만큼 교사나 부모로서 무책임한 말도 없습니다.

교사나 부모의 가이드 없는 자기주도적 공부란 학생 스스로가 아닌, 어른들이 강요하는 비효과적인 교육행태라고 할 수 있습니다. 재미도 없는 공부를 어떻게 학생 스스로 하란 말입니까? 도서관이나 책상에 앉아 스스로 책을 읽는다고 다 이해되는 것은 아닙니다. 평소에 아이가 공부를 안 하거나, 시험 성적이 떨어진 경우, 이 방법은 자기주도성이 부족한 아이들의 잘못이라고 탓하는 것과 다름 없지요.

아이가 왜 공부를 스스로 하지 않고, 책을 꾸준히 읽지 않는가? 라고 질문하기 전에, 우선 부모부터 왜 솔선수범하여 책을 꾸준히 읽지 않는가? 라고 솔직하게 자문해 보아야 합니다. 정말 왜 일까요?

대부분의 성인들 또한 아이들처럼 글자보다는 영상에 재미를 느끼고, 책을 읽기보다는 스마트폰이나 TV을 켜놓고 있기를 좋아하지 않나요? 사람은 편한 것을 먼저 찾지, 두뇌를 사용하는 것은 무의식적으로 피하게 됩니다. 이 점은 애나 어른이나 할 것 없이 마찬가지이지요. 문명화된 인간은 오직 편하고 쉬운것만을 찾기 때문입니다.

우리 인간은 또한 본래 눈으로 글자를 보는 것보다 영상을 통해 보는 것을 더 선호합니다. 왜냐하면 글자나 책을 보면 문자나 기호를 통하여 스스로 생각해야 하는데, TV나 영화는 생각할 필요 없이 가만히 앉아 있으면 영상의 말초적인 재밋거리를 제공해 주기 때문입니다. 쉬운 방법을 놔두고 누가 어려운 것을 선택하겠습니까? 결국 자기주도적 공부란 '아이가 공부에 재미를 붙이고 스스로 알아서 하라는 것'인데, 이것은 어른들의 열망일 뿐 **아이는 부모가 함께 하지 않으면, 결코 스스로 하는 법이 없습니다**.

## 재미있는 공부에는 명확한 '목표'와 '규칙' 그리고 '경쟁'의 3요소가 있어야 합니다.

그러므로 아이가 스스로 공부를 하지 않거나, 놀기만 좋아한다고 혼내서는 안되겠습니다. 특히, 아이의 IQ 운운하며 머리가 나쁜 아이로 성급하게 판단해서도 안될 것입니다. 아이가 정말 머리가 나쁜 아이라면 그것은 자식을 낳은 부모의 책임이지 아이의 책임은 아니기 때문입니다. 물론 답답한 부모의 심정을 모르는 바는 아니지만, 부모는 자식의 공부를 끝까지 포기해서는 안 된다는 뜻입니다. 그렇다면 부모는 자식을 어떻게 공부시켜야 할까요? 해답이 없는 것 같지만, 정작 가까운 곳에 그

실마리가 놓여 있습니다.

공부란 본래 '두뇌를 사용하는 지적인 활동'입니다. 부모들은 그것을 대부분 교육기관에 의뢰하지요. 평일 오전에는 아이를 학교에 보내서 공부시키고, 방과 후에는 다시 학원으로 돌려보냅니다. 그래서 부모의 할 일은 대부분 교육이 아니라, 양육에 치우칩니다. 이것은 특히 아이가 유아에서 어린이로, 또한 어린이에서 청소년으로 성장해도 마찬가지입니다. 대부분의 부모는 교육자의 역할보다는 아이를 기르는 양육자의 역할만을 수행합니다. 그러나 모든 부모가 훌륭한 교육자가 될 수는 없으며, 또한 반드시 그렇게 될 필요도 없지요.

그렇다면 어떻게 해야 할까요? 아이의 교육방식을 조금만 바꿔주면 됩니다. 즉, 아이의 공부에 구체적인 목표를 주고, 그 과정을 즐길 수 있도록 돕고, 경쟁 속에서 재미를 느끼도록 해주면 됩니다. 그것이 바로 부모나 친구들과 함께하는 '**보드게임 방식의 교육**'입니다.

전통적인 보드게임이란 동양의 바둑과 장기 혹은 서양의 체스와 같은 실내용 놀이도구입니다. 요즘에는 수십 가지의 다양한 보드게임이 보급되어 있지요. 그런데 이것이 어떻게 학습에 도움을 줄 수 있을까요?

보드게임에는 **처음부터 목표가 분명합니다**. 바로 단기적인 보상입니다. 게임에서 이기면 보상이 주어지며, 그것의 일차적인 요소는 '승리의 기쁨'입니다. 또한 그 보상은 물질적인 것이든 아니면 정신적인 것이든 아이가 원하는 것이어야 합니다. 물론 훌륭한 부모일수록 그 보상을 물질적인 것에서 정신적인 가치로 돌릴 수가 있지요. 예를 들어 아이가 갖고 싶어하는 장난감이 있다면 그것을 단번에 손에 쥐어주지 말고, 꾸준하게 노력해야 얻을 수 있다는 인내심을 가르쳐 주어야 합니다. 세상에 공짜는 없다는 식이지요.

보드게임에는 또한 **일정한 규칙(Rule)에 따라 그 과정이 명확합니다**. 반드시

게임의 규칙을 지키면서 공정하게 게임을 진행해야 합니다. 물론 주사위를 던져서 행운을 얻는 일은 있지만, 반칙이나 속임수를 써서는 안됩니다. 고스톱이나 포커게임 등 사행성게임이 비난 받는 이유는 바로 요행과 속임수 때문입니다. 이와 달리 기능성 보드게임은 교육과 학습을 목적으로 하기 때문에 건전하게 이루어져야 합니다. 그 과정을 통해서 아이는 보드게임 단계별로 실력을 쌓게 되고, 레벨업(Level-up)을 통해 수준을 인정받는 것이죠.

마지막으로 보드게임에는 상대방, 즉 **경쟁자가 있어서 더욱 흥미진진합니다**. 기계이던 사람이던 간에 게임 요소에는 언제나 경쟁자가 있지요. 그런데 이 경쟁의 목적은 단순한 승패가 아니라, 재미를 더해 줍니다. 게임에 더욱 집중하게 만들고, 흥미로울수록 시간가는 줄 모르고 몰입하게 됩니다. 그리고 그 경쟁에서 승리한 대가는 바로 보상으로 이어집니다. 만일 패배하였더라도 큰 손해는 없습니다. 끝까지 포기하지 않고 꾸준히 노력하고, 다시 도전하도록 격려해주면 됩니다. 그리하여 마침내 얻은 보상을 아이는 너무나도 기뻐하며 점차 자신감을 얻게 되지요.

2015년 COEX 보드게임콘

## 보드게임을 잘하는 아이는 학교공부 또한 잘하게 됩니다.

자녀의 PC 게임 때문에 스트레스를 받고 있는 부모들이 많습니다. 공부는 안하고, 하루 종일 인터넷, 스마트폰 게임을 하는 아이를 보면 부아가 치밀어 오는 분들이 바로 우리 부모들입니다. 게임이라는 단어만 들어도 민감할 수 밖에 없지요. 아이가 커서 초등학생 고학년이나 중학생이 되면 더 이상 손 쓸 수가 없습니다. 게임에 빠진 아이와의 하루 일과가 부모에게는 전쟁이나 다름없지요. 그런데 이 시점에서 부모나 교사들은 게임을 무조건 반대하기보다는 아이들이 왜 게임에 빠지는가를 먼저 살펴보아야 합니다.

게임은 우선 아이들에게 재미있고 도전할 만한 가치가 있습니다. 수학, 과학이나 영어과목 등은 아무리 열심히 해도 성적이 잘 오르지 않지만, 게임은 시간에 투자한 만큼 레벨이 오르고, 아이템을 얻어낼 수 있습니다. 눈에 보이는 게임 실력향상을 통해 아이들은 학교성적에서 떨어진 자신감을 충당할 수 있습니다. 일종의 보상심리이지요. 아이들은 또한 게임을 통해 두려움 없이 패배를 즐기고 인정합니다. 게임 속에서 나의 분신 같은 캐릭터가 죽거나 망해도 아이들은 전혀 걱정할 필요가 없지요. 왜냐하면 또다시 '게임 종료'가 아닌 '게임 계속'을 누르기만 하면 되기 때문이지요. 아이들은 두려움 없이 게임을 즐기고, 실력을 쌓으며 게임 사용자(Game user)들 속에서 영웅대접을 받기도 합니다.

그런데 이런 게임의 문제는 한 번 빠지면 좀처럼 벗어나기 어렵다는 점입니다. 특히 전자파가 심하고 시각적인 중독성이 강한 인터넷 게임이나 스마트폰 게임은 아이들로 하여금 육체뿐만 아니라, 뇌 발달에도 부정적인 영향을 끼칠 수 있습니다. 물론 컴퓨터나 스마트폰 게임 속에도 학습용 소프트웨어가 있지만, 한 번 현란한 놀이용 게임에 빠지다 보면 교육목적의 기능성 게임과는 점차 멀어지게 됩니다. 또한 서구 사회에서는 청소년들의 핸드폰 사용에 따른 전자파 등 뇌 발달의 부정적 영향을 철저히 검증하며 사회적 이슈가 되고 있지만, 정작 핸드폰 강국인 우리나라에서는 이 문제를 심각하게 받아들이지 못하니 매우 안타까운 현실입니다.

이런 상황에서 아이들에게 게임을 하라고 강조하면, 부모나 교사들은 오해할 수밖에 없지요. 그러나 보드게임은 PC 게임이나, 스마트폰의 멀티미디어의 말초적인 감각을 자극하는 것과는 전혀 다릅니다. 교육용 보드게임을 통해 아이들은 학습에 기초가 되는 두뇌의 집중력과 관찰력 그리고 기억력 등을 개발할 수 있습니다. 특히 보드게임의 논리적인 게임방식에 따라서 수학적이고 과학적인 사고방식(즉 암산, 추리, 연상 및 전략 등)을 키워줄 수 있습니다. 학습에 도움이 될 수 있도록 두뇌 속 해마의 기억력을 증가시키고, 사고력을 발달시켜 줍니다. 온라인 관계가 아닌, 면대면 상호작용을 통해 인간관계 및 소통능력을 높여 줄 수도 있습니다.

또한 보드게임은 아이에게 필요한 공부의 명확한 목표와 과정 그리고 경쟁을 통한 재미를 한층 더해 줍니다. 예를 들어, 초등학교 연산에 필요한 덧셈 · 뺄셈을 위해서는 연습장 한 권보다는 보드게임의 일종인 '셈셈피자' 한 판을 굽는 것이 더 효과적일 수 있습니다. 아이는 왜 더하기 · 빼기의 연산 연습을 기계적으로 지겹도록 해야 하는지 그 이유를 모릅니다. 하지만 보드게임을 통해 피자를 굽고, 경쟁하는 동안 아이의 연산 및 암산 실력은 눈에 띄게 늘어 날 수 있습니다. 이것은 아이들이 게임에서 승부욕구를 통하여 보상을 얻으며, 경쟁 속에서 집중력을 발휘하기 때문입니다. 결론적으로 **보드게임은 공부의 적이 아니라, 공부를 재미있게 만들어 주는 친구인 셈이지요.**

우리 부모들이나 교사들은 한 번 깊게 생각해 봅시다. 아이가 왜 수학을 잘해야 합니까? 혹은 아이가 왜 영어를 잘 해야 합니까? 좋은 대학에 가기 위해, 그래서 취업을 잘하고, 편하게 먹고 살려면 수학과 영어를 잘 해야 한다고 아이에게 겁주며 말해보았자 아무 소용없습니다. 왜냐하면 그것은 공부의 목표가 너무 추상적이기 때문입니다. 또한 어떻게 해야 하는지 그 과정도 명확하지 않고, 즉각적인 보상도 없으며 눈에 보이는 경쟁자도 없기 때문입니다. 만일 부모가 같은 학교의 전교 1등 학생을 자녀와 비교하면 이것은 결국 아이의 자존감에 상처를 줄 뿐, 아이는 결코 그를 경쟁자라고 생각하지 않습니다. **진정한 공부란 결국 분명한 목표와 학습과정의 즐거움 그리고 선의의 경쟁을 통한 방식으로 이루어져야 합니다.**

## 알고 보면 인생도 게임입니다.

게임의 원리가 단지 공부뿐만 이겠습니까? 우리고 살고 있는 인생도 게임의 원리와 비슷합니다. 아이는 부모로부터 운명적으로 태어난 후, 초등학교에 입학하고, 계속 진학하게 됩니다. 그러나 이때 인생의 갈림길은 번번히 나타나게 되지요. 대학까지 계속 공부를 할 수도 있고, 일찍 직업의 길로 들어가면서 인생의 게임은 시작됩니다. 성공적인 인생 게임을 위해서는 먼저 목표가 분명히 있어야 하고, 그 과정에서 생활 규칙과 법을 지키면서 현명한 판단을 해야 합니다. 그리고 남들과 좋든 싫든 간에 치열한 경쟁을 하지요. 인생게임에서 비록 파산하거나 지더라도 다시 일어설 수 있는 기회는 여러 번 있습니다. 그리고 마지막으로 은퇴 후, 연금뿐만 아니라 자신이 살아온 결과물에 따라 그 보상을 받게 됩니다.

[인생게임]이라는 가족용 보드게임이 있습니다. 말판놀이 형태의 게임 방식을 통해 회전판을 돌리고 그 숫자만큼 자신의 말을 이동합니다. 대학을 가기로 했다면 은행에서 학비를 빌려야 하고, 직장생활부터 하기로 했다면 직업카드 한 장을 골라야 합니다. 이것은 단순한 것 같지만 실제 인생에서 매우 심각한 판단이 필요하지요. 서양의 부모들은 자식의 학비를 처음부터 대주기보다는 자녀가 선택해서 나중에 스스로 갚아나가기를 바랍니다. 직장뿐만 아니라 대학에 진학하는 것도 독립심과 책임감의 시작이라고 간주하기 때문이지요. 만일 직장을 선택했다면 더욱 어려워 집니다. 첫 단추를 잘 꿰매야 하듯이 자신의 적성과 미래를 정확하게 판단할 수 있어야 하지요.

이후 순서대로 룰렛을 돌려 나온 숫자만큼 자신의 말을 움직이면서, 사람의 일생에서 있을법한 여러 이벤트(결혼, 대출, 투자, 월급, 관광, 소송)를 겪어나가는 게임입니다. 안전한 길 혹은 위험한 길을 따라 가다가 모든 참여자 혹은 경쟁자가 은퇴한 후, 즉시 현금을 세고, 인생게임 토큰의 앞면을 공개해서 가장 많은 재산을 모은 사람이 승리합니다. 인생 최후의 성공척도를 돈으로 판가름하는 전형적인 미국 자본주의의 대표적 게임이지요. 그래서 이 게임은 [모노폴리]와 함께 미국적인 자본주의 가치관을 잘 드러내는 게임이기도 합니다.

돈으로 인생을 판단하는 이 게임방식을 저는 비록 선호하지 않지만, 자본과 물질주의 속에서 살아가는 우리들에게 돈은 매우 중요한 가치임에는 틀림없습니다. 그러나 이 게임에서 더욱 중요한 것은 돈 자체가 아니라 인생의 순간에서 중요한 것을 결정해야 하는 우리들의 판단력입니다. 이 게임을 통하여 부모들은 자녀들에게 **인생의 중요한 사항들을 신중하게 선택하고 책임져야 한다는 사실**을 알려줄 수 있습니다. 단지 대학을 진학하는 것이 중요한 것이 아니라, 혹은 돈 많이 버는 직업을 갖는 것이 중요한 것이 아니라, 자신과 미래를 생각하며 스스로 책임질 수 있는 그런 판단력을 가르쳐 주어야 합니다.

특히 대학을 진학하거나, 직업을 선택할 때는 언제나 곁에 경쟁자가 있습니다. 경쟁은 시작할 때뿐만 아니라 그 과정에서도 항시 존재하지요. 구직 인터뷰의 경쟁자, 포상경쟁자, 혹은 순위 경쟁자처럼 경쟁은 우리를 괴롭힐 수도 있지만, 이것이 항시 나쁜 것만은 아닙니다. 보드게임을 통하여 부모나 교사는 아이들에게 **인생은 게임처럼 항시 분명한 목표를 갖고 규칙을 지키면서 선의의 경쟁을 해야 한다는 사실**을 알려 줄 필요가 있습니다. 비록 경쟁에서 지더라도 포기하지 않고, 또다시 일어나 노력해야 한다는 신념도 지속적으로 가르쳐 주어야 하지요.

비단 개인의 게임뿐만이겠습니까? 직장이나 단체에서 사람들간에 눈으로 보이지 않는 심리게임은 더욱 치열하지요. 영어의 "What is the name of your game?"이라는 표현이 있습니다. "당신이 마음속으로 생각하는 게임방식은 무엇인가요?"라는 정도로 해석하면 되겠습니다. 누구나 다 상대방에게 마음속을 숨기며 게임을 하듯 살아가고 있기 때문이지요. 또한 국가 간의 전쟁게임 혹은 경제게임, 자국의 영토게임은 국운의 중요한 판가름이 됩니다.

인생을 살아가는 동안 좋든 싫든 간에 우리는 치열한 경쟁 속에서 살고 있지요. 한 마디로 인생은 신중한 판단과 결정이 필요한 게임의 연속입니다. 자신이 선택한 것에 대하여 책임을 지고 승복해야 하지요. 그러므로 게임을 거부하거나 벗어나려 하지 말고, 차라리 인생게임과 같은 보드게임에도 더욱 익숙해지는 편이 더 나을지도 모릅니다.

## 이 책을 읽는 분들에게

이 책은 바로 다양한 교육용 보드게임을 설명하면서 이것이 어떻게 학습과 연관되고, 효과가 있는지 설명하는 책입니다. 또한 보드게임의 중요 요소인 목표와 과정 그리고 경쟁에 관한 방법을 아이의 학습수준에 알맞게 설명하는 책입니다. 이 책을 통하여 여러분은 보드게임이 단순한 놀이가 아니라, 학습에 얼마나 효과가 있는지 알게 될 것입니다.

저는 영국 대학에서 컴퓨터를 통해 언어를 교육하는 방법(Computer-assisted language learning)을 전공했으며, 오랫동안 사이버대학에서 교수로서 근무하고 있습니다. 온라인 교육을 전공한 제가 이제는 '온라인 교육의 허와 실'을 가장 잘 체득하고 있습니다. 멀티미디어는 아이들에게 학습의 흥미와 편리함을 제공할 수 있지만, 또한 말초적인 감각으로 인하여 학습의 집중력을 떨어뜨리는 부작용도 존재합니다.

아이들을 위한 참된 교육은 온라인과 멀티미디어의 효율성뿐만 아니라, 사람 얼굴을 직접 대면하고, 손으로 기물을 움직이며 접촉하는 '사람냄새'가 물씬 풍겨야 합니다. 특히 부모는 아이를 어릴 적부터 TV나 멀티미디어를 제멋대로 사용하도록 방치하지 말고, 부모와 직접 상호작용을 지속해야 합니다. 부모와 자녀가 함께 재미있고, 유익한 것을 찾아야 하는데, 그것이 바로 기능성 보드게임입니다. 보드게임을 활용하여 자녀나 학생을 교육하고자 할 때 그 대상은 다음과 같습니다.

### 학부모

**① 자녀의 두뇌발달을 촉진시키고 싶은 부모에게**

자녀가 어릴 적에는 공부보다는 운동장에서 실컷 놀게 해주고 싶은 부모들이 많습니다. 아이의 신체와 정서발달을 중요시하는 분들이지요. 그러나 여기에는 한 가지 간과해서는 안될 것이 있습니다. 아이가 성장함에 따라 키가 크고 살이 찌는 것도 중요하지만, 아이의 두뇌도 함께 발달해야 한다는 사실입니다. 어릴 적부터 두뇌 활동을 충분히 하지 않으면, 커서도 머리 쓰는 공부, 즉 추리나 응용력을 요구하는 어려운 문제를 기피하게 됩니다. 쉬운 문제만을 붙들고 부모로부터 칭찬을 듣기 위해서 공부하기 십상입니다. 어린 씨앗의 성장은 그 토양이 중요하듯, 아이의 지적 성장은 어릴 적부터 두뇌 활동이 중요합니다. 보드게임은 자녀의 두뇌발달을 촉진시켜 줄 수 있습니다.

**② 자녀의 학습장애 및 학습부진의 어려움을 겪고 있는 부모에게**

발달장애아를 키우는 부모의 속사정은 겪고 있는 본인이나 가족 이외에는 잘 모릅니다. 남에게 말해 보았자 비난의 화살은 부모 자신에게 돌아오며 그래서 더욱 답답하게 살아갈 수밖에 없지요. 또한 학습 장애나 부진을 겪고 있는 자녀를 매일 같은 방식으로 대하다 보면 울화통이 터질 수밖에 없지요. 아이의 학업 성적 때문이 아니라, 아이가 앞으로 살아갈 미래가 걱정되기 때문입니다.

장애를 지닌 아이의 발달 정도에 따라 교육내용은 다를 수 있지요. 말을 잘 못하거나 더듬는 아이, 셈을 어려워하는 아이, 사물의 모양이나 형태를 인지 못하는 아이 등 다양 할 수 있습니다. 중요한 것은 부모가 아이의 교육을 끝까지 포기하지 않고, 아이에게 알맞은 교육용 보드게임을 찾아, 매일 상호작용하면서 노력해야 한다는 것입니다.

한 가정에서 부모가 ADHD, 자폐성 혹은 아스퍼거 증후군(Aspergers syndrome)을 갖고 있는 아이를 대할 때 아무런 정보 없이 아이의 기질만을 탓한다면 불행한 가정이 되기 쉽습니다. "너는 누구를 닮아서 왜 그 모양이야?"라고 윽박지른다면 부모를 닮은 아이 또한 할말이 없을 것입니다. 아이에게 인격 모독적인 이 말은 결국 부모 자신에게도 침을 뱉는 격이 됩니다.

그러므로 발달장애아를 키우는 부모는 '전반적 발달장애'라는 범주 하에 아이의 기질이나 성격에 초점을 두기보다는 아이의 뇌 발달과 학습 정보에 더욱 관심을 기울여야 합니다. 즉, 뇌는 아이의 감정을 조절하는 도파민(dopamine)이나 세로토닌(serotonin)과 같은 신경전달물질을 분비하는데, 예를 들어 도파민이 넘치면 투렛증후군(틱증상)에 걸리기 쉽고, 세로토닌이 부족하면 성격이 급해지고, 집중력을 잃게 됩니다. 부모가 아이의 뇌 발달에 관심을 갖게 되면, 아이에게 알맞은 대응법이나 학습법을 고안할 수 있습니다. 아이의 타고난 기질을 탓하지 말고, 뇌활동의 문제를 인식하여 이것을 약물과 함께 의사와 특수교사를 통하여 수정 보완해주는 작업이 필요합니다.

### ③ 자녀의 PC 게임 중독을 예방하고 싶은 부모에게

자녀의 PC 게임 때문에 가정에서 매일 전쟁을 치르는 부모들이 많습니다. PC 게임이 중독인가 아닌가라는 논란이 있지만, 이것이 아이의 공부에 방해되며, 건강을 해치는 것은 어느 정도 사실입니다. PC 게임에 중독되는 원인은 다양하지만, 그 이유는 대부분 아이들이 현실 속에서 얻지 못하는 '환상'과 시간의 '무료함'을 달래주는 것이 주 원인일 것입니다. 이미 중독 증상이 있는 아이들에게 PC 게임을 조절하거나 중단시키는 것은 매우 어렵습니다. 약물치료나 혹은 자연 속 숲 치료 등을 활용할 수 있으나, 스스로 자각하여 끊기란 결코 쉽지 않습니다. 이런 아이들에게 보드게임은 하나의 대안이 될 수 있습니다. 즉, 게임의 요소를 적절히 활용하고, 특히 기계가 아닌, 사람과의 전략게임 등을 활용하면 아이의 관심을 사람에게 돌릴 수 있을 뿐만 아니라 사회적 및 교육적인 효과 또한 얻을 수 있습니다.

## 교사

### ④ 유치원 및 초등학교 교사에게

유아기의 아이들에게는 교육보다는 올바른 양육이 우선시 되지만 초등학교 입학 전이나, 초등학교 재학 중에는 기초적인 학습능력이 매우 중요하게 됩니다. 수업 중에 아이들이 공부를 재미있게 하고, 또한 잘 가르치는 선생님이 되고 싶다면, 교육용 보드게임을 적극 활용하시길 바랍니다. 특히 초등교사들은 각 학년별로 교과목 주제와 관련하여 보드게임을 활용하면 학생 참여도의 효과는 당장 눈에 보일 것입니다. 한 반에서 여러 개의 그룹으로 나누어 적절한 목표 보상과 경쟁을 유도한다면 아이들은 시간 가는 줄 모르고 게임과 학습 속으로 빠져 들것입니다. 훌륭한 선생님은 지식을 잘 전달하는 사람이 아니라, 학생들에게 지식의 흥미를 불러일으키고, 학생 스스로 끊임없이 탐구하도록 격려하는 협력자임을 잊지 말아야 하겠습니다. 학습용 보드게임은 보조적인 도구로서 이런 역할을 수행할 수 있습니다.

### ⑤ 발달장애 특수교육 교사에게

언어발달 혹은 인지발달 장애아를 지도하는 선생님들은 현재 교육현장에서 보드게임을 적극 활용하고 있습니다. 학습교구로써 보드게임을 활용하고 있지만, 교육효과는 게임의 중요 요소(목표, 과정, 경쟁)를 교사가 얼마만큼 적절하게 활용하는가에 달려 있습니다. 아이가 노력하고, 경쟁에서 승리할 때마다 혹은 승리하도록 도와줄 때마다 아이의 자존감을 높여 준다면, 아무리 산만한 아이라 할지라도, 집중력과 몰입도는 점차 높아질 것입니다. 특수 교육 교사들은 보드게임을 인지 및 언어발달에 필요한 학습교구로써 사용하는 것 뿐만 아니라, 보드게임의 속성을 정확히 숙지하고 있어야 합니다. 또한 각자 다른 기질이나 성향을 가진 발달장애아들에게 맞추어 이것을 어떻게 활용하는지를 연구해야 합니다.

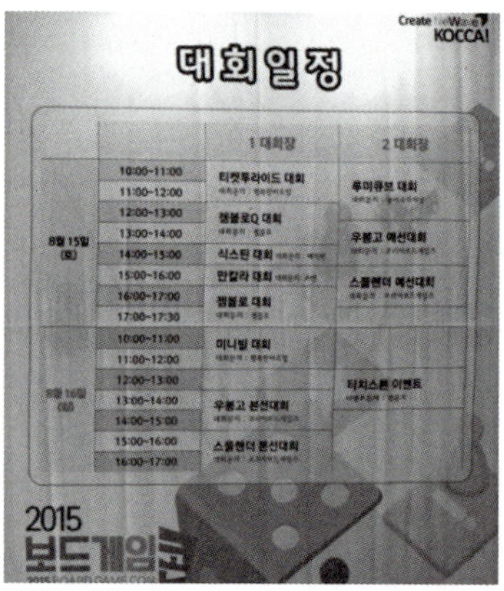

2015년 보드게임콘 대회일정 및 세미나

즉, 아이의 수준과 집중력의 정도를 감안하여 게임의 난이도를 맞추거나 아이의 약점 및 강점을 이용하여 어떻게 보완하고 개발하느냐 하는 것은 발달장애아를 담당하는 교사의 창의성과 열정에 따라 크게 달라질 것입니다.

부모와 교사들이 다양한 보드게임을 익히고자 할 때 무료로 배울 수 있는 기회도 많습니다. '보드게임 방과후 교사활동'을 하거나 자녀를 지도하기 위해서는 지역 평생교육원의 '보드게임 과정'을 통해 이것을 직접 해보면서 배우고 익히는 것이 중요합니다. 부모나 교사가 보드게임의 활용법을 잘 알지 못하면 아이들에게 흥미를 줄 수 없고, 교육적인 효과도 그만큼 떨어지게 됩니다. 그러므로 부모와 교사가 우선 보드게임의 동영상을 활용하거나 지역 보드게임 센터를 방문하여 충분히 연습하는 것이 중요합니다.

보드게임지도사 과정

# 차 례

Part 1

# 보드게임 효과

# Part 1

아이가 건강하게 크면서 동시에 공부도 잘 하길 바라는 부모의 마음은 모두 같습니다. 천성적으로 몸이 허약한 아이는 어쩔 수 없겠지만, 대부분 아이들은 잘 자라지요. 문제는 바로 공부입니다. 초등학생 기간에는 잘 모르지만, 아이가 중학생이 되면, 이미 학력차는 크게 벌어지고 맙니다. 공부를 전혀 못하는 아이가 고등학생이 되어 우등생이 되기란 에베레스트 등반을 하는 것처럼 어렵지요. 차라리 근육을 키우는 운동이라면 가능하겠지만, 두뇌와 습관은 한 번 굳어지면 고치기 어렵습니다. 갑자기 자녀의 지능과 학습욕구가 쑥 올라가는 법은 없지요.

그렇다면, 공부하기를 싫어하는 아이는 어떻게 해야 할까요? 우선 책을 강요해서 억지로 읽히기 보다는 아이와 놀이로 시작해야 합니다. 그 놀이는 아이가 스스로 반복적으로 할 만큼 재미있어야 하고, 목표가 분명하며, 일정한 룰(Rule)속에서 경쟁을 통해 승부욕을 일으킬 수 있어야 합니다. 그것이 바로 보드게임의 묘미이지요. 특히, 어릴 적부터 교육용 보드게임을 즐겨 하는 아이는 게임을 하는 동안 언어 연상, 계산, 도형 및 공간이동, 추리 등을 많이 해야 하므로 그만큼 두뇌가 발달하게 됩니다.

그런데 여기에서 보드게임과 컴퓨터 게임을 혼동해서는 안되겠습니다. 보드게임(Board Game)이란 말 그대로 장기나 바둑, 혹은 체스 판 등을 위에 올려놓고 하는 면대면 실내활동(Indoor activity)이죠. 스포츠(Sport)가 야외에서 하는 운동이기에 근육을 많이 사용하지만, 보드게임은 손가락 움직임을 통해 세밀한 두뇌활동을 많이 하게 됩니다. 현대의 보드게임의 주요 생산국은 철학과 논리 학풍을 중요시 하는 독일과 프랑스이며 미국 멘사(Mensa)협회에서도 매년 '올해의 보드게임'을 선정하는 등 외국에서는 활발히 움직이고 있고, 국내에서도 사고력 수학놀이가 유행을 하면서 200~300여 종의 다양한 보드게임이 일반인에게 알려져 있습니다.

www.us.mensa.org

이에 반해 PC 게임, 스마트폰 게임이나 온라인 게임 등은 멀티미디어를 매체로 게임을 진행하는 것입니다. PC 게임은 컴퓨터와 사용자(User)가, 온라인 게임은 인터넷을 이용하여 다수의 사용자들(Users)간에 동시에 게임을 진행합니다. 게임의 대부분은 주로 자극적이고 감각적인 스크린 화면에 의존하며 전자파로 인해 쉽게 피로감을 느낍니다. 특히 온라인 게임이 발달된 우리나라에서는 몇 시간 동안 게임이 계속 진행되기 때문에 앉은 자세에서 척추나 골절에 문제가 생기거나 생활에 지장(식사를 거르거나 수면부족 현상 등)을 줄 수 있습니다. 또한 이것의 결정적인 문제점은 두뇌활동이나 학습관련 활동에 큰 도움을 주지 못한다는 점입니다. 놀이용 컴퓨터 게임이나 스마트폰 게임은 그것의 선정성, 폭력성으로 인해 아이의 인성에도 문제가 발생할 수 있지요.

물론 모든 컴퓨터용 게임이 나쁘다고만은 할 수 없습니다. 컴퓨터 소프트웨어나 스마트폰에도 두뇌를 개발시킬 수 있는 앱(Application)이 많이 있습니다. 예를 들어 컴퓨터 체스(Chess)나 바둑, i-PAD의 블로커스 그리고 스마트폰의 스도쿠나 탱그램 등은 아이들의 공간지능과 수리력을 높일 수 있는 기능형 게임입니다.

그러므로 '보드게임은 좋고, 컴퓨터 게임은 무조건 나쁘다'라는 흑백논리는 옳지 않습니다. 중요한 것은 매체에 따른 게임의 속성을 이용하여 이것을 어떻게 교육적으로 잘 활용할 수 있는가에 달려 있지요. 여기에 대한 대안으로 기능성 보드게임을 추천할 수 있습니다. 게임의 재미요소는 그대로 간직하되 두뇌활동이나 교육 연계활동은 충분히 가능하기 때문입니다. 그래서 보드게임은 학습효과뿐만 아니라, 게임 중독예방에도 어느정도 효과를 거둘 수 있을 것입니다.

ipadboardgames.org

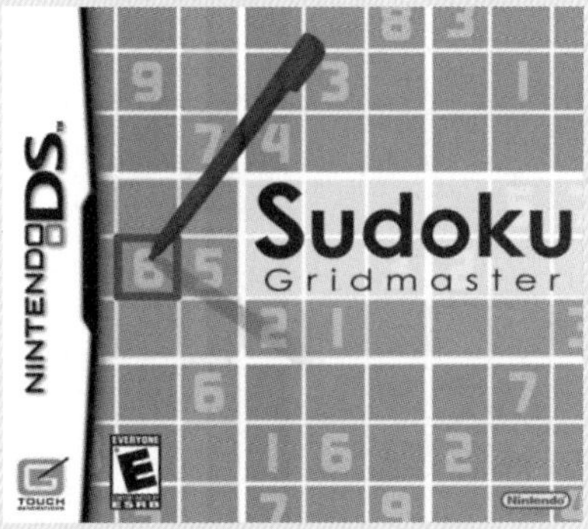


www.familyfriendlygaming.com

## Chapter 1

# 아이가 확 달라졌어요.

아이의 기질이란 간단히 말해서 '태어날 때부터 갖는 생물학적 성격'이라 할 수 있지요.[1] 물론 부모의 유전적인 영향을 받을 수 있지만, 뚜렷하게 아빠집안이나 혹은 엄마집안을 많이 닮았다고 하면서 자로 잴 수 없는 것이 바로 아이의 기질입니다.

기질에 따라 선천적으로 행동이 느린 아이, 빠른 아이, 겁이 많은 아이, 혹은 겁 없는 용감한 아이 등 다양하게 구분할 수 있지요. 부모의 말을 듣지 않고 반항적인 아이에 비해서 꽃 사슴처럼 순종적인 아이를 키우기는 쉽지만 그렇다고 이것이 교육상 언제나 좋으리란 법은 없습니다. 그런 아이는 그만큼 독립심이나 책임감 혹은 도전의식 등을 부모로부터 얻을 수 없을지도 모릅니다. 아이의 기질이 어떻든 간에 중요한 것은 이미 타고난 아이가 아니라 부모의 양육태도와 대응방식이라 할 수 있지요.

1) 박진균(2009). *기질별 육아혁명*. 파인앤굿

훌륭한 부모가 되기 위해서는 먼저 아이의 기질을 정확하게 이해하고 이에 알맞은 방법으로 길러내야 합니다. 시중에 기질 별로 아이를 잘 키우는 방법을 소개한 책은 많습니다. 그러나 아이의 타고난 교육적 본능을 쉽게 설명한 책은 찾기 어렵습니다. 인간의 본성은 생물학적으로 타고난다는 주장에서부터 후천적인 경험에 의해 만들어진다는 학자들의 주장까지 다양합니다. 그 중에서 저는 너무 이론적인 것보다는 부모나 교사들이 아이들의 기질을 쉽게 이해할 수 있는 '요코미네 교육법'[2] 책을 소개합니다. 여기에는 아이의 교육적 의욕을 일으키는 다음 4가지의 스위치가 간단하게 제시됩니다.

1) 아이는 경쟁하고 싶어한다.
2) 아이는 흉내하고 싶어한다.
3) 아이는 조금 어려운 일을 하고 싶어한다.(즉, 도전하고 싶어한다)
4) 아이는 인정받고 싶어한다.(즉 물질적 · 정신적보상을 받고 싶어한다)

이 4가지 요소는 아이뿐만 아니라, 인간의 본성에 기인한 매우 설득력 있는 의견입니다. 특히 아이의 학습의욕을 어떻게 불러일으켜야 하는지는 매우 중요한 과제입니다. 공부에는 아이의 의욕이 우선이지 부모나 선생님이 억지로 끌어다가 가르친다고 되는 것이 아니기 때문이지요. 1912년 독일 심리학자 막스 베르트하이머(Max Wertheimer)가 형태심리학(Gestalt psychology)을 확립하였는데, 그가 여기에서 주장하듯 "학습은 개인의 통합적 사고력을 통해 주도하는 것이지, 교사의 강제로 이루어지는 것이 아니다"[3]라는 말과 일맥상통하지요.

그렇다면 어떻게 해야 아이들의 학습심리를 자연스럽게 불러일으킬 수 있을까요? 보드게임은 바로 이 점에서 큰 도움을 줄 수 있습니다. 처음

2) 요코미네 요시후미(2009). *아이를 천재로 키우는 4개의 스위치*. 토트

3) 장휘숙(2010). *아동심리학*. 박영사

보드게임의 출발(Start)부터 목표(Goal)를 명확히 해야 합니다. 목표에 도달하면 이에 대한 보상이 반드시 주어져야 하지요. 이 보상이란 꼭 물질적인 것만을 의미하는 것이 아닙니다. 아이가 정말 좋아하고 소원하는 것이라면 충분합니다. 예를들어 그것은 장난감이 될 수도 있고, 자전거 타기나 스키 정기권을 끊어 줄 수도 있습니다. 혹은 부모와 외식을 하거나, 여행을 하는 것을 목표로 삼을 수도 있지요. 우선 아이와 가족모두에게 바람직한 것을 골라 아이와 협의합니다. 어릴 적 자전거 타기나 스키, 혹은 수영은 누구나 한 번 해보고 싶은 혹은 그 기술을 익혀두면 매우 유용한 것입니다. 특히 자신의 생명과 연관된 수영능력은 두말할 필요도 없지요. 이처럼 목표를 분명히 해 두면, 아이는 그 목표에 집중하면서 의욕을 갖기 시작합니다. 손쉽게 얻은 것은 쉽게 잊혀지고 금방 질리게 됩니다. 아이들에게 아무런 타이틀이나 목표 없이 단지 생일이나 어린이날이라는 이유로 비싼 장난감을 사줘도 금방 싫증 내는 이유는 바로 이 때문이지요.

아이들은 또한 부모를 모방하면서 언어나 행동을 배워나갑니다. 아이가 매우 어릴 적에는 소꿉놀이(Playing house)를 하지만 금세 재미가 없어집니다. 왜 그럴까요? 소꿉놀이에는 보드게임처럼 분명한 목표나 경쟁자가 없기 때문입니다. 그냥 엄마나 아빠의 말이나 행동을 따라 하며 역할극을 할 뿐 특별한 보상도 없습니다. 이 점이 바로 **게임(Game)과 놀이(Play)의 큰 차이점**입니다. 아이는 경쟁을 통하여 조금 어려운 일을 하고 싶어하고(Level-up), 잘했든 못했든 간에 부모로부터 인정을 받고 싶어합니다. 그리고 부모는 아이가 비록 실패하더라도 아이를 인정해 주어야 합니다. 그 결과가 아니라, 아이의 노력하는 과정을 말이지요. 부모로부터 사랑을 받는 것도 중요하지만, 아이가 점차 크면서 인정을 받는다는 것 또한 매우 중요합니다. 자존감이 큰 아이일수록 독립심도 점차 발휘하고 스스로 일을 처리할 능력이 생깁니다.

독립심 이야기가 나왔으니, 잠깐 짚고 넘어 가겠습니다. 여러분은 교육의 최종 목표가 무엇이라 생각하시나요? 농경문화의 전통을 갖고 있는 동양인의 부모는 그것을 '출세'나 '행복'이라 생각합니다. 즉, 열심히 공부해서 출세하면 행복해진다는 논리이지요. 그러나 유목생활을 하고 떠돌아 다녔던 서양인은 교육의 최종 목표를 서슴없이 '자립'이라고 말합니다. 그래서 서양 부모들이 젖도 안 땐 어린 아기를 독방에 혼자 재우는 것은 이런 연유가 아닐까요?

사실, 출세나 행복이라는 개념은 너무 상대적이고 모호합니다. 그러나 자립은 부모를 떠나 스스로 험한 세상을 살아갈 실제적인 힘이지요. 현재의 글로벌 시대에는 농경문화의 사고 방식보다는 이동과 변화를 중시하는 유목민의 사고방식이 더욱 적절할 것입니다. 즉, 우리의 아이들에게는 자립심을 어릴 적부터 키워줘야 하고, 그 자립심의 시작은 결과와 상관없이 아이의 노력하는 모습을 인정해주고 진심으로 격려해주어야 한다는 것입니다. 부모의 진심 어린 격려와 인정을 통하여 아이들은 자신감뿐만 아니라 독립심을 키워 나가겠지요.

보드게임의 과정은 위에 '요코미네 교육법'에서 언급된 **경쟁, 흉내, 도전 그리고 인정의 4가지 요소**를 골고루 갖추고 있습니다. 저는 그 과정을 아이를 키우면서 또한 주변 아이들을 지도하면서 경험하고 있습니다. 여기에서 한 부모로서 저의 부족한 경험을 털어 놓아야 하겠습니다. 제가 비록 교육학 박사학위를 얻고, 대학에서 가르치고 있지만, 한 부모로서 아이를 키우는 것이 얼마나 어려운지는 실제 경험을 통해서만 깨달을 수 있지요.

저의 아이는 여느 아이와 마찬가지로 책 읽기보다는 PC 게임이나 스마트폰을 좋아하는 8살 초등학생 아이입니다. 5살 때 전반적 발달장애를 진단받아 병원에서 감각통합치료와 언어발달치료를 받았지요. 그래서 발달장애아를 키우는 부모의 마음을 어느 정도는 이해합니다.

아이가 초등학교에서 공부하려면 기초적인 학습능력이 중요한데, 저의 아이는 수학 연산이나, 한글쓰기, 혹은 과학 책 읽기를 싫어했지요. 이것은 아마도 어릴 적부터 PC 게임이나 스마트폰 게임을 방치한 저의 책임이 클 것입니다. 그런데 사실 부모도 할 말이 많지요. 아이를 양육하기가 너무 힘들고 귀찮게 하면 아이에게 TV을 혼자 보게 하거나, 게임을 하도록 내버려 둡니다. 옳은 방법이 아닌 줄 알면서도 어쩔 수 없는 부모들도 많지요. 그렇게 되면 어린 아이들은 점차 동영상 매체에 노출되어 집중력이 떨어지고, 책에는 관심을 갖지 않게 됩니다. PC 게임 또한 학습을 위한 게임보다는 점차 영상이 화려하고 자극적인 스마트폰 놀이용 게임으로 변질됩니다.

그래서 저는 교육에 도움이 된다는 갖가지 책을 사 모으고, 연구를 해 보았습니다. 'EBS 60분 부모'를 정기적으로 시청하고, '칼비테의 자녀교육법'을 열심히 탐독했지요. 아이를 정규학교에 보내는 대신 '홈스쿨링(Homeschooling)'도 진지하게 고민해 보았습니다. 특히 저의 아이는 어릴 적부터 '전반적 발달장애'라는 의사의 진단을 받아 저의 초조함은 더해 갔습니다. 아이의 기질과 '자폐증' 혹은 '아스퍼거 증후군'에 관련된 몇 권의 책[4]을 읽고, 공부했지만, 아이를 어떤 방식으로 학습의욕을 일으켜야 할지 고민이 많았습니다.

몇 년 동안 홈스쿨링 블로그[5]를 직접 운영하면서, 그 중에 제가 깨달은 중요한 원칙은 '교육을 위한 놀이 개념'을 확신하게 되었지요. 즉, 공부란 부모나 교사가 지식을 인위적으로 주입하는 것이 아니라, 아이가 스스로 즐겁게 익혀야 하는데, 여기에 필요한 개념이 바로 교육놀이입니다. 그런데 놀이는 앞에서 언급한대로 특별한 목표나 보상, 경쟁심이 없다 보니 아이가 쉽게 싫증을 냅니다. 그래서 시작한 것이 '아빠가 직접

4) 패트리샤 하울린(Patricia Howlin)(2002). *자폐증과 아스퍼거증후군 아동*. 시그마프레스 / 스기야마 토시로(2007). *부모를 위한 발달장애 이야기*. 마고북스 / Tammet, Daniel(2006). *Born on a blue day(Inside the extraordinary mind of an autistic savant)*. New York: Free Press. / 데니스 브로디(2007). *놀이방의 코끼리(장애아 부모들의 색다른 행복 찾기)*, 크림슨

5) 인터넷 주소: http://blog.naver.com/e_homeschool

만든 보드게임 판'입니다.

www.mecard.co.kr

근래 유치원이나 초등학생 남자 아이들에게 가장 인기 있다는 TV 만화 속 '터닝 메카드'를 보상으로 설정했습니다. 물론 이것은 아이와 미리 협의한 것이고 아이의 소원이기도 했지요. '터닝 메카드'는 자동차 모양을 한 일종의 변신 로봇인데, 장난감 판매업자는 이것을 여러 개의 종류로 만들어 놓고, 따로 판매하고 있었습니다. 이것은 TV 애니메이션의 변신로봇 캐릭터이기도 합니다. 아이들은 값비싼 장난감을 부모에게 사달라고 조르고, 또한 이미 얻은 것을 금방 싫증 냈지요.

저는 여기에서 '터닝 메카드' 한 개에 집중하게 했습니다. 장난감 가격도 문제였지만, 더 중요한 것은 어렵게 얻은 한 개가 매우 소중하다는 것을 아들에게 가르쳐 주고 싶었지요. 스케치북에 보드 판을 그려서 출발 표시를 하고, 각 단계마다 스티커(sticker)를 얻는 간단한 보드게임 방식을 사용했습니다. 즉, 스티커를 갯수에 맞게 붙여나가면서 마지막 목표에 도착하면 원하는 장난감을 주는 것입니다. 예를 들어 한글쓰기를 연습해서 어린이 집에서 100점을 받아 오면 스티커 두 개를 주고, 한 개라도 틀리면 한 개만 주었습니다. 이것은 100점이라는 부모의 욕심도 있지만, 무엇이든 완벽하게 연습하라는 의도였지요. 다행히 아이는 이전에는 받아쓰기 연습에 흥미가 전혀 없다가 갑자기 눈에 불을 켜고 연습하고 계속 100점을 받아 왔습니다. 또한 세계국기의 이미지와 나라이름을 매칭시키고 각 나라의 수도까지 말하면 스티커 두 개를 주었습니다. 마찬가지로 한자 8급을 끝내고 7급으로 넘어가, 한자를 보고 음과 훈을 모두 맞추면 스티커 두 개를 주었지요. 또한 아이에게 생활코딩을 재미있게 가르치고 싶어서 프로그래밍에 기초가 되

**직접 만든 보드게임 판**

는 초등학생 코스 코딩단계[6]를 이수하도록 했습니다. 그 전에는 핸드폰의 [앵드리버드] 게임만 하던 아이가 갑자기 변하고 코딩의 단계를 점차 높이기 시작했습니다.

이 외에도 학습에 중요하다고 생각하는 내용을 아이와 논의해서 스티커를 발부하였습니다. 중요한 것은 스티커 그 자체가 아니라 아이가 보드게임에 그려진 최종 목표(보상)를 확인하고 집중하도록 노력한다는 사실입니다. 중간에 '보너스 찬스' 도 만들어 놓고, 찬스카드에는 주로 집에서 자주 배달시켜 먹는 치킨, 피자, 자장면 등을 포함시켰지요. 특히, 햄버거는 맛있고 영양가 있는 패밀리 레스토랑에서 꼭 사주었습니다. 물론 꽝도 있고, 뽀뽀 3번이라는 앙증맞은 기회도 있지요.

약 한 달 기간에 걸쳐 아이는 결국 목적지에 도달하고 자신이 그토록 원하는 장난감, 터닝메카드를 한 개 얻었습니다. 한 가지 놀라운 사실은 자신이 얻은 물건(장난감)에 대한 애지중지한 태도입니다. 부모에게 치근대

---

6) 인터넷주소: http://code.org

거나 공짜로 얻은 것이 아니라 자신이 노력해서 얻은 것을 결코 함부로 대하는 아이는 없을 것입니다. 이 과정에 도달하는 한 달 동안 아이는 초등학교에서 배우는 한글쓰기와 4가지 연산(덧셈 · 뺄셈 · 곱셈 · 나눗셈)의 원리를 터득하였고, 한자 8급과 7급의 음과 훈을 알게 되었으며, 코딩수준도 꽤 높은 단계까지 올라갔습니다.

다음 '보드게임 판'에는 최종 목표 보상과 어떤 교육적 요소를 집어 넣을까 아이와 상의 중입니다. 여름이라면 아이가 물놀이를 하고 싶어하니, 멋진 워터파크에 데려가는 것을 목표로 삼아도 좋을 것 입니다. 교육 내용으로는 동화책을 더 읽거나 생활 과학책을 넣어도 좋겠습니다. 영어 단어와 문장을 유창하게 읽고 수학문제집을 착실하게 풀면 스티커를 주는 것도 좋겠습니다. 그런데 여기에서 아이의 의견을 무시하고 무조건 보드게임판을 만들 수는 없지요. 일단 약속을 하면, 아이든 부모든 간에 끝까지 지켜야 합니다.

아이가 진정 스스로 공부할 수 있는 힘은 바로 동기부여입니다. 목표를 분명하게 제시하고 그 성취과정을 즐길 수 있도록 도와주는 것입니다. 물론 제가 만들었던 보드판에는 경쟁자도 없고 특별한 룰도 없지만, 다음에 만들 때는 게임 요소로서 레벨업(Level-up)의 일정 규칙과 경쟁자까지 집어 넣는다면 아이는 더욱 집중하겠지요. 저도 아이의 또 다른 변화가 궁금합니다.

물론 제 아이뿐만 아니라, 여러분의 자녀 또한 부모의 생각대로 쉽게 바뀔 수 없을지도 모릅니다. 장난감이나 스티커로 아이의 마음을 움직이기에는 이미 너무 커 버렸거나, 자식과 부모 간에 마음의 상처가 커서 보드게임을 함께 하기에는 너무 서먹한 사이가 되어버린 경우도 있겠지요. 특히 언어발달장애나 주의력결핍 과잉행동장애(ADHD)를 진단받은 아이와 차분한 보드게임을 수행하기란 무리일 수 있습니다.

그러나 안타깝게도 아이에게 심각한 학습장애가 있거나, 게임중독에 걸

려있고, 부모와 자식 간에 대화가 단절된 부모에게 더 이상 갈 곳은 없습니다. 아이를 데리고 정신 상담을 받거나 치료를 한다고 병원에 데려가지만 잠시 위안을 얻을 뿐 부모의 힘든 역할과 아이의 태도는 변함이 없지요. 중요한 것은 보드게임 그 자체가 아이를 변화시켜주는 것이 아니라, 이것을 매개체로 부모가 성심껏 노력하면 어떤 아이든 변화가 가능하다는 것입니다. 말을 못했던 아이가 '도블(Dobble)게임'을 통해 말을 더듬거리고, 숫자나 모양에 관심이 없었던 아이가 '스티키스틱스(Sticky Stickz)게임'을 통해 흥분하게 될 것입니다. 매일 저녁 아이와 '셈셈피자' 한 판을 굽다 보면 아이의 연산과 암기 실력은 쑥쑥 자라게 될 것입니다. 부모가 더 이상 아이를 정신과 의사나 특수 교사에게 맡기기만 할 것이 아니라, **자신이 직접 나서야 한다는 것을 깨닫는 순간부터** 아이도 조금씩 변화하게 될 것입니다.

# Chapter 2
# 잠든 뇌를 깨워라.

우리 부모들은 아이가 어릴 적부터 다양한 경험을 하고, 풍부한 학습 자극을 받기를 원합니다. 손놀림에 좋은 종이 접기나 다양한 학습교구뿐만 아니라, 야외활동을 하면서 아이가 많은 체험을 하기를 바라지요. 어떤 부모들은 신체놀이를 중요시하여 공부를 시키지 않고, 심지어 하루 종일 밖에서 뛰어 놀며 돌아다녀도 그것이 옳다고 여기는 부모들도 있습니다.

그러나 아이가 어릴 적부터 뇌 활동을 통한 '지적 활동, 즉 사고력 키우기'도 부모들이 간과해서는 안될 중요한 사항입니다. 그래서 아이들에게 책 읽기와 글자공부를 시키지요. 그런데 부모들은 아이에게 책을 읽어주거나 숫자놀이를 함께 하지만, 정작 아이의 두뇌활동을 어떻게 발달시켜야 할지 모르는 부모들이 많습니다. 부모가 책을 읽어주거나 아이가 스스로 소리 내어 책을 읽는다고 해서 아이가 생각하는 것은 아닙니다. **책을 한 달에 30권을 읽어도 그 내용을 물어보면 대답하지 못하는 아이들이 대다수**입니다. 왜냐하면 책을 눈으로 보아서 글자를 읽었을 뿐 그 내용을 이해하거나 충분히 생각하지 않았기 때문입니다. 책을 읽으면서도 부모는 아이에게 핵심적인 질문을 하지 않고, 아이는 스스로 생각하지 않음으로써 잘못된 책 읽기 습관이 굳어진 것이지요.

어떤 부모들은 아이가 책을 많이 읽는다고 안심할 수 있겠지만, 이러한 잘못된 독서 습관으로 인해 아이의 두뇌 발달은 더디게 됩니다. 특히 아이들은 그 기질과 성향이 매우 달라, 어떤 아이들은 상상력이 뛰어나 동화책을 좋아하지만, 어떤 아이들은 동화책에 전혀 관심이 없고, 그 내용을 대부분 이해하지 못합니다. 대신 어떤 아이들은 과학적 현상이나 사물에 관심이 많아서 지식을 잘 암기하는 아이들도 있고 또한 그렇지 못한 아이들도 있지요. 아이의 특성에 따라 독서법을 달리 하지 않으면 그 효과를 크게 기대할 수 없습니다.

그렇다면 일반적인 독서와 달리 보드게임은 어떻게 아이의 두뇌를 발달시키고, 사용하지 않는 잠든 뇌를 깨울 수 있을까요? 그것은 교육용 보드게임을 통해 아이들의 두뇌에 '즐거운' 자극을 '지속적'으로 제공하는 것입니다. 여기서 핵심은 즐거운 것과 동시에 지속적인 것입니다. 지적 활동이 즐거워야 아이들이 매일 반복할 수 있고 또한 지속할 수 있기 때문이죠. 우리의 뇌에 즐겁고 지속적인 자극을 줄수록 뇌는 발달할 수 있습니다. 흔히 '머리를 써라!' 라는 말은 두뇌를 이용하여 잘 생각해 보라는 뜻이지요. 공부를 한다는 것은 바로 두뇌활동을 한다는 것입니다. 지식을 암기하고 이해하고 혹은 추리를 한다는 것이지요.

학습에 관련된 다양한 보드게임을 즐기는 동안 내 아이의 뇌는 즐거운 지적 자극을 받게 됩니다. 세계적인 뇌의학자인 하야시 나리유키는 뇌의 이해력과 사고력, 기억력을 향상시키려면 무엇보다도 "재미있어야 한다"라고 강조합니다. 이와 반대로 뇌가 "재미없다"라는 부정적인 감정평가를 내리면 학습의 동기유발은 일어나지 않게 됩니다. 보드게임은 분명한 목표 속에서 상대방과 경쟁을 하는 동안 학습의 직•간접적인

동기유발이 일어나고, 뇌의 발달에 도움을 줄 수 있습니다.[1)]

우리 뇌의 변연계는 대뇌피질과 뇌 줄기의 중간에 있는 기억과 감정 그리고 호르몬을 조절하는 부분인데 특히 이곳의 한 부분인 해마는 '기억 저장의 통로'라고 할 수 있습니다. 이 부분은 바닷속의 해마와 모양이 비슷해서 붙여진 이름이지요. 우리의 기억은 순간기억, 단기기억, 그리고 장기기억으로 나뉘는데, 이곳 해마를 통하여 새로운 정보가 유입되어 시간이 지나면 버릴 것은 버리고, 오래 기억할 것은 대뇌피질로 옮겨져 장기기억으로 분류됩니다.[2)] 해마가 크면 기억력도 좋을 것 같지만, 해마는 크기보다는 지속적인 자극이 더욱 중요합니다. 그래서 지적 자극을 매일, 자주 주는 것이 기억력을 높이게 됩니다. 우리가 학교에서 공부하고 시험을 치를 때 **공부한 내용이 잘 기억나지 않는 것은 공부가 즐겁지도 않고, 반복적으로 학습을 하지 않았기 때문**입니다.

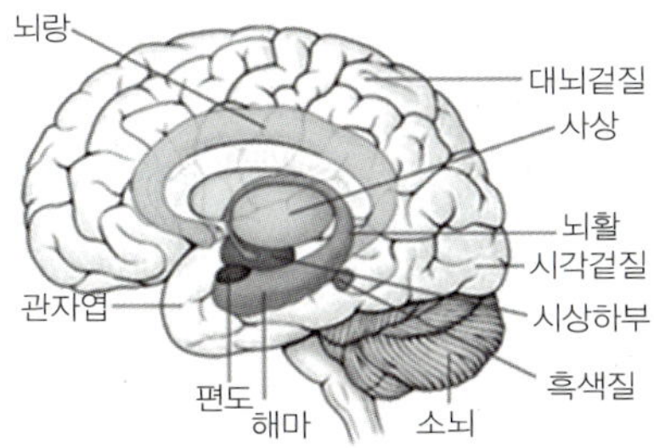


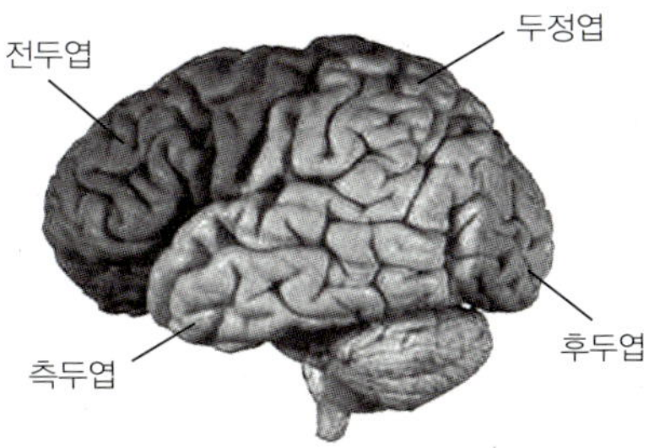


출처: 메드아트

---

1) 하야시 나리유키(2011). *두뇌를 깨우는 7가지 습관*. 김영사

2) 김지현, 류수경(2014). *잠과 두뇌(삼성과학학습민화2)*. 삼성출판사

예습과 복습의 반복을 통하여 해마의 기억력을 높이게 됩니다. 해마가 필요한 학습정보를 장기기억으로 보낼 때 이것을 돕는 '편도체'도 중요한 부분입니다. 해마가 기억할 내용을 받으면 옆에 붙어 있는 편도체가 사람의 감정에 따라 기억할 정보의 중요성을 해마에게 알려줍니다.[3] 즐거운 감정이 생기는 기억은 해마가 장기기억으로 보내는데, 이것은 **공부한 내용이 즐겁고 이해하기 쉬우면 그 기억이 오래 간다는 뜻**입니다.

대뇌를 둘러싸고 있는 대뇌피질은 감각을 모으고 지식을 수용하는 일을 담당합니다. 인간은 동물과 달리 생각하고 창의성을 발휘할 수 있는데, 그 힘은 바로 이 대뇌피질에 있습니다.[4] 척추동물 중에서 뇌가 가장 발달한 것은 포유류인데, 그 중에서도 좀 더 발달한 동물일수록 대뇌가 크고, 대뇌피질에 주름이 많습니다. 대뇌피질은 뉴런(neuron)이라고 하는 신경세포로 이루어져 있는데, 바로 이것을 연결 지어주는 시냅스(synapse)가 만들어져야 사고력을 발휘할 수 있습니다. 연결고리 역할을 하는 시냅스가 촘촘하고, 긴밀할수록 정보가 효과적으로 전달되는 것이죠. 대뇌는 전두엽, 두정엽, 측두엽 그리고 후두엽으로 나뉘는데 그 역할과 기능은 서로 다릅니다.

1) **전두엽**은 이마쪽에 있는데, 판단이나 추리를 하거나, 또한 계획하고 전략을 세우며, 새로운 아이디어를 개발할 때도 작용합니다.
2) **두정엽**은 손의 감각을 통해 입체적, 공간적 사고를 하며 수학 논리적인 계산을 담당하고, 또한 단어와 문장을 연결하는 역할을 합니다.
3) **측두엽**은 말하기와 청각, 그리고 후각 등을 담당합니다. '기억의 저장고' 역할을 하며, 사고로 인해 뇌의 이 부분이 다치게 되면, 환각 증세나 기억장애가 생기는데, 특히 왼쪽 측두엽을 다치게 되면 실어증이 발생하게 됩니다. 브로카(Broca)영역의 표현성 실어증이나, 베르니케(Wernicke)영역의 수용성 실어증이 여기에 해당됩니다.

---

3) 김영훈(2012). *아이의 공부두뇌*. 베스북스

4) 구보타 기소우(2014). *손과 뇌(손은 외부의 뇌이다)*. 바다출판사

4) 후두엽은 시각을 담당하는데, 눈으로 들어온 정보의 모양, 위치, 운동상태를 분석하게 되고, 이곳을 다치면 앞을 볼 수 없게 됩니다.[5)]

그렇다면 위의 두뇌기능과 보드게임은 어떤 관계가 있을까요? 기능성 교육용 보드게임을 잘 활용하면 위 대뇌의 4가지 영역을 고르게 발달시켜 줄 수 있습니다. 우선 전두엽의 사고 추리력과 전략을 발달시켜줄 수 있는 보드게임은 매우 다양합니다. 대표적인 보드게임으로는 수학 추리의 [다빈치코드]와 퍼즐 추리의 [애니그마]가 있고, 언어추리의 [콘셉트] 등이 있습니다. 또한 계획과 전술이 필요한 전술, 경영, 도시건설, 금융 등의 전략게임은 [카탄], [7원더스], [문명] 등 다수가 있습니다. 보드게임을 할수록 아이들의 두뇌는 즐겁고 지속적으로 활성화될 수 있습니다.

두정엽의 공간이동과 논리수학 영역에 도움을 줄 수 있는 보드게임 또한 매우 다양합니다. 그 대표적인 것은 우리에게도 잘 알려진 동양의 바둑과 장기이며, 서양의 체스입니다. 멘사(Mensa) 셀렉트인 [트래버스], [마라케시], [세트] 그리고 [쿼리도]가 대표적입니다. 한국제품의 보드게임인 [젬블로Q], [파라오 코드]도 잘 알려져 있으며, 이것은 두뇌의 공간활용 능력을 증진시켜 줄 수 있습니다.

5) 김지현, 류수경(2014). *잠과 두뇌(삼성과학학습만화2)*. 삼성출판사

**측두엽의 말하기와 기억력 향상을 위한 보드게임**도 다양합니다. 그 대표작으로는 유아와 초등학생에게 인기 높은 [구름빵 베이커리], [카드라인] 등은 그림과 숫자의 기억력을 높여주고, 성인들에게도 유용한 [딕싯]은 언어의 공감력을 향상시켜 줄 수 있으며, [블리츠]와 [테마틱]은 단어의 연상력을 높여줄 수 있습니다. 유아들이 언어를 처음 배울 때 사용하는 한글의 [라온]이나 영어의 [스크래블]은 단어의 조합력을 높여줄 수 있습니다.

마지막으로 **후두엽의 시각정보 판단능력과 소 근육의 운동능력을 높여 줄 수 있는 보드게임**은 주로 유아기의 아이들에게 적합합니다. 그 대표작으

로는 [코코너츠], [할리갈리], 그리고 [루핑루이] 보드게임 등이 있으며 섬세한 손동작이나 빠른 지각능력과 판단력을 요구하는 게임입니다.

이렇듯, 교육용 보드게임은 뇌의 발달과 매우 관계가 높습니다. 특히 뇌의 해마와 편도체의 기능에 따라 반복적이고 즐거운 지적 자극은 뇌의 기억저장에 도움을 줄 수 있고, 대뇌피질로 장기기억으로 전달됩니다. 즐거운 마음으로 매일 보드게임을 한다면, 아직 뇌가 충분히 발달하기 이전의 어린 유아와 초등학생의 뇌 발달에 도움을 줄 수 있습니다.

자녀가 이미 중학생이라 할지라도 뇌 발달이나 지능개발이 결코 늦은 것은 아닙니다. 자신의 소질과 관심이 어디에 있는지 언어, 수학, 도형 혹은 추리 등 보드게임을 통하여 다양한 시도를 할 수 있지요. 초등학교 기간 중에 기초학습이 탄탄하지 못했다 할지라도 마음만 먹으면 중학생의 기간에도 실력을 충분히 다질 수 있습니다. 문제는 공부에 재미를 붙이고, 꾸준하게 학습하는 태도입니다. 중학생 기간에는 특히 전두엽이 발달하여 논리와 추리력이 필요한 수학과 언어 과목에 더욱 집중해야 합니다. 다양한 분야의 독서뿐만 아니라, 교과목에 관련된 보드게임을 통하여 논리수학과 공간이동 그리고 언어의 연상력을 향상시키기 위하여 노력해야 할 것입니다.

Part 1 보드게임 효과

# Chapter 3
# 무엇이 뇌 발달을 망치는가?

인간의 두뇌는 크게 세 부분으로 나뉘어지는데, 이것을 비유하자면 파충류의 뇌(=생명의 뇌), 포유류의 뇌(=감정의 뇌) 그리고 인간의 뇌(=이성의 뇌)로 구분합니다. 파충류의 뇌는 뇌간과 소뇌로 구성된 후뇌(Hindbrain)로서 생명 유지에 필요한 가장 기본적인 활동인 호흡과 심장박동 등의 기능을 담당하므로 '생명의 뇌'라 부릅니다. 포유류의 뇌는 변연계(Limbic system) 부

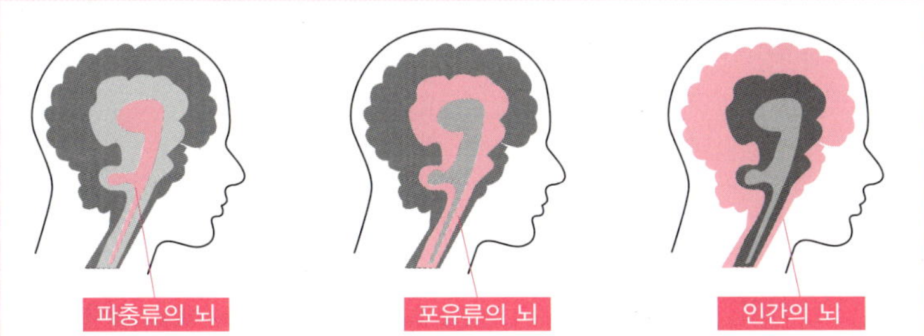


출처: 네이버캐스트

분에서 일어나며, 흥분과 공포 등의 감정은 포유류들만이 가진 특징이기에 이것을 '감정의 뇌'라고 합니다. 마지막으로 인간의 뇌는 대뇌피질부가 있는 전뇌(Forebrain)를 지칭하며 고도의 사고력과 창의력을 관할하기에 '이성의 뇌'라고 부릅니다.[1)]

오늘날 인간이 문명과 문화를 창조할 수 있었던 원동력은 인간의 뇌, 즉 이성의 뇌인 대뇌피질부가 활성화되었기 때문입니다. 뇌를 활성화시킬 수 있는 좋은 요소는 우선 좋은 공기, 산소입니다. 뇌의 무게는 몸무게의 2%에 불과하지만, 몸 전체에서 사용하는 20%의 산소를 소비합니다. 그만큼 뇌활동에서 산소는 매우 중요하다는 뜻이지요. 산소가 많이 공급되는 숲 속에 있으면 정신이 맑아지는 이유가 바로 여기에 있습니다. 특히 몸이 아픈 환자들이 산림치유를 통하여 정신이 맑아지고, 몸이 건강해지는 이유도 바로 풍부한 산소량과 피톤치드(Phytoncide)의 효과 때문이지요. 아이들이 집중하여 공부를 잘 하기 위해서도 맑은 의식, 풍부한 산소 공급이 필요합니다.[2)]

뇌는 또한 지적 자극을 자주 받아야 활성화될 수 있습니다. 책을 통하여 생각하고, 암기하고, 상상하며 계획하는 등 주체적으로 뇌 훈련을 매일 하면서 발달시킬 수 있습니다. 부모가 아이에게 매일 책을 읽어주고, 생각을 유도하는 것은 바로 이런 훈련을 하기 위한 것이지요. 책의 내용을 암기하고, 이해하며, 추론하는 과정을 통해 아이의 뇌가 활성화될 수 있습니다. 특히 뇌는 오감을 적절히 자극하고 이용할 필요가 있는데, 이것은 일정 지식을 효과적으로 잘 습득시키기 위해서는 한 가지 자극보다는 시각 · 청각 · 촉각 · 후각 · 미각을 통해 종합적으로 정보를 전해 주는 것이 지식 습득에 더 효과적이기 때문입니다.[3)]

1) 출처: 인간의 뇌는 3층, 네이버캐스트(http://navercast.naver.com) 글. 서유헌

2) 김영훈(2012). *아이의 공부두뇌*. 베스북스

3) EBS 제작진(2011). *기억력의 비밀(EBS 다큐프라임)*. 북폴리오

그렇다면 이와 반대로, 무엇이 아이의 뇌 발달을 저해하는 것일까요? 뇌 발달에 좋은 맑은 공기에 반대되는 개념이 바로 담배연기입니다. 직접 담배를 피우거나 담배를 피우는 사람 옆에서 연기를 마시는 것은 매우 해롭습니다. 담배연기를 마시면 뇌에 산소가 부족해지고, 활동이 둔화되기 때문입니다. 그래서 청소년기의 흡연생활은 두뇌발달에 매우 해롭습니다.

또한 뇌 발달에 좋지 않은 영향을 미치는 것이 바로 전자파입니다. 전자파는 대뇌, 기억과 학습을 담당하는 해마, 운동과 몸의 평형을 담당하는 소뇌의 기능을 떨어뜨립니다. 이외에 뇌를 해치는 나쁜 습관 중의 하나는 온종일 TV나 영화를 보면서 적극적인 뇌 활동을 멈추는 것입니다. TV나 컴퓨터게임, 인터넷에 중독되면 뇌를 발달시키는 독서나 학습과는 점차 멀어집니다. 이외에 뇌 활동에 부정적인 요소로는 어떤 문제가 발생했을 때 문제해결을 위한 다양한 생각과 계획을 수립하지 않고, 쉽게 포기하거나 불평불만을 늘어놓는 행위입니다. 이것은 결국 안일하고 게으른 생활습관으로 이어져 지나치게 잠을 자거나, 배불리 음식을 먹으면서 적극적으로 활동하고 사고하는 것을 방해하게 되지요.

아이나 어른이나 할 것 없이 TV나 영화를 자주 시청하다 보면 아무런 생각 없이 화면 속으로 빠지게 됩니다. 그러다 보면 주체적인 생각을 하지 못하고, 아무런 비평 없이 수동적인 성향을 갖게 됩니다. 즉, 어릴 적부터 한창 머리를 써야 할 시기에 두뇌를 사용하지 않으면, 대뇌피질 속 시냅스(Synapse)의 연결고리는 끊어지게 되고, 자기 조절능력과 사고력은 점차 둔화된다는 점이 가장 큰 문제점입니다. 최근 호주에서 약 3만 명을 대상으로 시행한 한 온라인 조사에서 기억력과 생활습관의 관계를 분석한 결과, 하루 한 시간 이하의 TV를 시청한 사람들이 더 많은 시간 동안 TV를 시청한 사람보다 이름이나 얼굴 · 직업 떠올리기 · 시장 보기 · 목록 외우기 등 모든 부문에서 기억력이 좋았음이 밝혀졌습니다.[4)]

---

4) 출처: http://dc.koreatimes.com/article.

즉, 많은 시간 동안 일방적인 TV 프로그램에 정신을 뺏길 정도로 시청하게 되면, 뇌신경 세포가 쉽게 지치게 되고, 수동적으로 TV 내용에 의존하여 능동적인 다양한 생각을 하지 못하게 됩니다.

전자파가 많은 인터넷게임이나 스마트폰 게임 또한 이와 다를 바가 없습니다. 사실 게임을 하는 동안 사용자(User)가 주체인 듯 하지만, 게임에 빠지다 보면 어느덧 자신은 게임에 과몰입되거나 중독되어 두뇌력은 둔화됩니다. 물론 PC 게임이나 스마트폰 게임에도 전략적 사고나 학습력 혹은 지능 개발을 위한 프로그램도 많지만, 일단 현란한 멀티미디어에 노출되면 즉흥적인 단순 놀이에 의존하게 되고, 말초적인 감각기관에 의해 사고력을 잃기 십상입니다. 또한 아이템 구입 및 광고노출로 인하여 교육적이라기 보다는 온라인 시장의 상업성으로 인해 불필요한 구매와 소비가 늘어나게 됩니다.

PC, 스마트폰, 그리고 인터넷 게임 등의 문제점으로 아동과 청소년의 경우 주의력 결핍 및 과잉행동 장애(ADHD)를 가진 사람들이 게임 중독에 빠질 위험이 크다는 인식이 널리 퍼져있습니다. ADHD의 주요 특징인 높은 자극 추구 욕구와 자기 통제 혹은 충동 조절의 어려움과 관련이 있다는 것입니다. 특히 내성적인 성격, 외로움, 낮은 자아 존중감 등이 게임 중독과 유의미한 상관 관계를 보인다고 밝혀졌고, 부모와의 대화 부족으로 인한 소외된 관계 등이 게임 중독과 관련이 있다는 것입니다. 특히 초등학생 및 청소년의 경우에는 학교 생활 부적응, 불안과 우울 증상을 보이고, 두통이나 소화불량, 혹은 불면증 등 신체 건강에도 부정적인 영향을 미치는 것으로 나타났습니다[5]. 일본의 뇌신경학자 모리 아키오교수는 그의 책 '게임뇌의 공포'에서 "게임을 하면 두뇌가 치매 상태와 비슷하게 변하고, 인성을 담당하는 전두엽 전부피질 기능이 저하되며, 도파민 신경계의 지속적인 자극으로 형성된 쾌감내성이 두뇌

5) 김교헌(2007). 중독, 그 미궁을 헤쳐나가기. *한국심리학회지: 건강 12*(2)

기능을 저하시킨다"라고 주장합니다.[6]

그렇다고 해서 모든 컴퓨터와 스마트폰 게임을 부정적으로 바라볼 수만은 없습니다. 우리는 지금 컴퓨터로 문명화된 최첨단의 시대에 살고 있기 때문에 이것을 벗어날 수 없지요. 이때 가장 중요한 것은 **멀티미디어 게임을 하더라도 사용자의 자기주도성 혹은 자기통제력을 잃지 않고, 이것을 어떻게 사용하고 개발하느냐가 관건**입니다.

게임에 대한 흥미로운 연구 결과 중의 하나로 프로게이머와 게임중독자의 뇌를 비교 연구한 자료도 있습니다.[7] 프로게이머와 게임중독자의 뇌를 자기공명영상(MRI)으로 비교한 연구 결과, 프로게이머의 뇌는 중독자의 뇌보다 대상피질이 커져 있었습니다. 이 부위는 뇌 속에서 행동 전략을 짜고 사고력 및 통제력을 조절하는 부위입니다. 반면 일반 게임중독자의 대상피질 크기는 상대적으로 작았으며 대신 뇌 중앙의 기저핵(basal ganglia) 부위가 두꺼워져 있었습니다. 이곳은 최고 흥분을 느끼는 부위로 쾌락 자극에 도파민(dopamine) 신경물질이 분비되는 장소입니다. 이 점은 무엇을 의미한 것일까요? 프로게이머는 인간의 뇌를 통해 자기 통제력이 가능하지만, 게임중독자의 뇌는 파충류나 포유류의 뇌처럼 동물적인 기능에 따라 움직인다는 것입니다. 즉, 프로게이머는 게임을 공부처럼 여기고 자기 통제력을 여전히 발휘하지만, 일반 게임중독자는 맹목적인 쾌락 추구에 쏠려 있다는 것입니다. 이 때문에 프로게이머는 게임을 직업으로 삼고, 자기조절이 가능하지만 게임 중독자는 식사를 거르거나, 혹은 화장실 가는 것도 참고 게임에 매달리게 됩니다.

이와 달리, 보드게임은 일반인들에게 중독될 염려가 거의 없습니다. 왜냐하면 보드게임은 전자파의 위험이 없고, 멀티미디어의 디지털 속성이 아닌, 인간적인 아날로그 속성을 갖고 있기 때문입니다. 보드게임은

---

6) 모리 아키오(2003). *게임뇌의 공포*. 사람과책

7) 네이버지식백과, 왜 의지만으로 중독을 멈출 수 없을까? (http://terms.naver.com)

크게 가족 및 친구들 모임의 오락 파티용이 있고 인지발달에 도움을 줄 수 있는 학습용이 많습니다. 온라인 상태가 아닌 면대면 오프라인 모임을 중심으로 가족과 친구들의 사람냄새를 맡으며 즐길 수 있습니다. 이것은 가정과 학교 그리고 더 나아가 지역 공동체의 인간적인 교류를 활성화 시킬 수 있는 바람직한 도구인 셈입니다. 컴퓨터게임과 보드게임의 차이를 정리하면 다음과 같습니다.

**[표 1. 컴퓨터게임과 보드게임의 차이]**

| 구분 | 컴퓨터게임 | 보드게임 |
|---|---|---|
| 특징 | 중독성향이 강하고 전자파 방출, 재미와 집중을 일으키되, 신체적, 정서적으로 피폐하게 만들고, 일반생활에 지장을 초래할 수 있음 | 몰입을 통한 긍정에너지 발산, 재미와 집중을 일으키되, 신체적, 정서적 영향이 적고, 일반생활에 지장이 적음 |
| 두뇌영향 | 전략게임 등은 부분적 두뇌발달에 도움을 줄 수도 있으나, 학습에 직접 관련이 적음, 또한 환상을 자극하고 폭력성 및 선정성으로 인해 문제가 발생될 수 있음 | 전반적인 두뇌발달에 영향을 미치고 인지 교육 및 학습에 직접 관련이 있음.<br>특히 교과목과 관련하여 교실에서 학습 주제에 알맞게 사용 가능함 |
| 자극부위 | 기저핵 부위의 말초신경을 자극하고 비현실적인 환상을 유도하기도 함 | 전뇌의 자극을 통해 사고력 중심의 전략게임이 가능하고 현실생활에 적용이 가능함 |
| 상호작용 | 디지털의 기계적 성향, 온라인 익명성 문제로 인해 비인간적인 상황을 촉발시킬 수 있음 | 아날로그적 면대면 상호작용, 휴머니즘의 인간접촉이 유대감을 높일 수 있음 |

위 〈표1〉의 대조를 통하여 컴퓨터게임과 보드게임을 제시하였지만, 그렇다고 해서 컴퓨터용 게임이 모두 비교육적이며, 바람직하지 않는 것만은 아닙니다. 기계의 전자파나 화려한 색상의 스크린은 아이의 건강과 시력에 좋지 않겠지만, PC나 스마트폰 보드게임에도 분명 교육적 효과가 뛰어난 것이 많습니다. 특히 i-PAD 보드게임은 사용하기 편리하고, 컴퓨터와 2인용 보드게임을 언제 어디서나 즐길 수 있습니다. 예를 들어, PC용 체스게임을 통해 아이들은 기물의 이동방법이나 규칙을 쉽게 이해할 수 있지요. 수준에 따라 레벨(Level) 분류가 잘 되어 있어 초보자도 쉽게 접근하여 사용할 수 있고, 난이도도 잘 나뉘어져 있어 레벨업

(Level-up)의 즐거움도 만끽할 수 있지요.

컴퓨터용 체스게임

i-PAD용 보드게임 또한 매우 유용하게 사용될 수 있습니다. 특히 게임 상대자를 만나기 어렵거나, 시간에 구애 받지 않고, 혼자서 플레이하고 싶을 때는 기계의 도움을 받는 것도 좋습니다. 게임에 지거나 다시 시작해도 전혀 구애 받을 필요가 없지요. 보드게임으로도 유명한 [블로커스], [치킨차차], [젝스님트] 등이 i-PAD 앱으로 출시되어 있습니다.

멀티미디어를 활용한 보드게임을 어학용으로 제작할 때 주의가 특히 필요합니다. 일반 어학용 보드게임은 카드나 도구를 사용할 뿐 기계장치를 통한 원어민의 음성지원이 어렵지요. 영어나 중국어를 유아나 초등학생에게 가르칠 때는 원어민의 발음을 들려주는 것은 매우 중요합니다. 왜냐하면 단어나 문장을 말할 때 부모나 선생님의 발음이 아닌, 해당 언어의 원어민 발음에 익숙해져야 나중에 현지 원어민과의 소통도 원활하게 이루어질 수 있기 때문이지요. 향후 컴퓨터 소프트웨어나 앱을 통해 음성지원이 가능한 외국어 학습용 보드게임도 활발하게 출시될 것이라 기대합니다.

HD
Blokus
© 2010 Gameloft

Klaus Zoch
치킨차차
THE CODING MONKEYS
Zicke Zacke
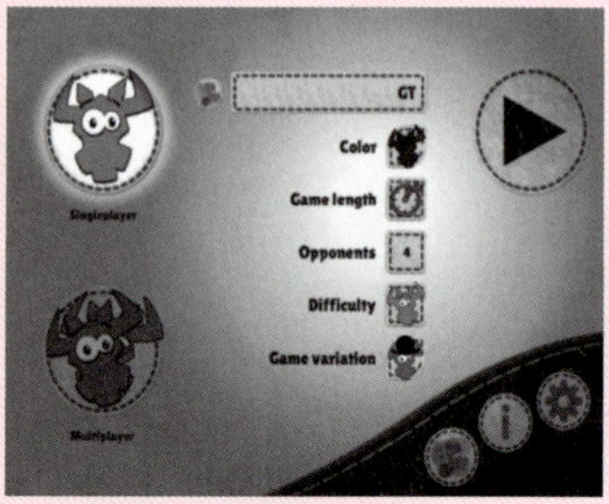
GT
Color
Game length
Opponents
4
Difficulty
Game variation

i-PAD용 보드게임

# Chapter 4
# 보드게임 속에 '학교공부' 있다.

그렇다면 보드게임을 많이 할수록 학교 공부에도 직접 도움이 될 수 있을까요? 보드게임은 교실에서 학습단원의 주제와 관련시켜서 아이들의 동기부여와 흥미를 일으키는 데 도움을 줄 수 있습니다. 또한 학습에 필요한 공통적인 요소인 기억력과 집중력 그리고 추상적 사고력 발달에 매우 효과적입니다.

우선 **기억력은 학습에 가장 기본적인 바탕**이 됩니다. 자신이 공부한 것을 기억하지 못한다면 열심히 노력했다 할지라도 아무런 소용이 없지요. 최근 미국의 하버드 대학의 와그너(Wagner) 박사가 이끈 연구팀은 〈사이언스〉에 발표한 연구 논문에서, 어떤 사물을 보았을 때 뇌의 전두엽 앞부분과 해마 피질 부분이 오래 자극을 받으면, 쉽게 잊어버리지 않는다는 사실을 밝혀냈습니다.[1] 이 부분의 자극은 특히 사물이나 정보가 유의미하고 재미있을 때 활성화될 수 있다고 합니다.

---

1) EBS 제작진(2011). *기억력의 비밀(EBS 다큐프라임)*. 북폴리오

뇌 속의 언어 네트워크는 소리–글자–이미지–개념으로 만들어집니다. 기억력이 좋다라는 것은 바로 이 네트워크가 잘 이루어지고, 쉽게 끊어지지 않는 것을 말하지요. 또한 기억을 의식 속에 잘 떠오르게 하려면 소리–글자–이미지–개념 중에 세 가지 이상의 요소를 뇌 속에 동시에 입력시키는 연습을 지속적으로 해야 합니다. 대부분의 보드게임은 이 요소를 뇌 기능 속에 한꺼번에 전달할 수 있습니다. 예를 들어 [치킨차차], [타임라인] 등의 보드게임은 기억력은 물론 이미지 연상능력을 함께 길러 줄 수 있습니다. 즉, 이 보드게임의 그림이나 문자 혹은 숫자 정보를 이야기구성(Storytelling)을 통하여 머리속에 입력시키면 쉽게 게임을 풀어가면서 지식을 습득할 수 있지요.

또한 집중력이란 무엇이며 어떻게 향상시킬 수 있을까요? **집중력이란 정신을 가운데 모을 수 있는 힘**입니다. 이것은 작업을 하거나, 시험문제를 풀거나, 혹은 운동에 전념할 때 반드시 필요한 힘이지요. 집중력이 떨어지는 아이, 혹은 산만한 아이는 공부를 잘 할 수는 없습니다. 연산문제를 풀 때 알고 있는 문제를 자주 실수하는 이유는 바로 집중력이 떨어지기 때문입니다. 집중력의 바탕은 바로 '몰입(沒入)'입니다. 이것은 무언가에 흠뻑 빠져 심취해 있는 무아지경의 상태를 말합니다. 이것은 부정적 의미의 '중독'과는 차원이 매우 다른 것이며 오히려 긍정적 에너지를

통하여 학습효과를 배로 높일 수 있는 정신력입니다.[2)]

보드게임은 재미와 규칙의 몰입감을 통하여 아이들에게 집중력을 향상시켜 줄 수 있습니다. 빠른 속도를 통해 순간 집중력과 비교능력을 높여줄 수 있는 대표적인 보드게임으로는 [스티키스틱스]와 [도블] 등이 있습니다. 집중력은 주로 재미있고, 경쟁적인 상황에서 발생됩니다. 집중력을 요구하는 보드게임은 바로 이런 요소를 기반으로 합니다.

마지막으로 **추상적 사고력** 또한 보드게임을 통해 활발하게 높여줄 수 있습니다. 특히 이것은 전략적 사고를 통하여 수와 추리 그리고 공간을 이동하거나 혹은 상대의 심리를 파악하는 등 학습의 응용력과 대인관계에 필요한 역할을 수행할 수 있도록 도와줍니다. [아낄란티스], [스플랜더]와 같은 경제 및 금융게임도 있고 전쟁 및 전술적 사고력을 위한 [왕좌의 게임] 혹은 대인공감력 및 심리적인 협력게임인 [하나비]와 같은 보드게임도 있습니다. 추상적 사고력은 학습의 기본적인 암기력과 집중력을 이용하여 한층 더 높은 응용력과 적용능력을 필요로 할 때 매우 유용하게 사용될 수 있습니다.

---

2) 김영훈(2012). *아이의 공부두뇌*. 베스북스

기본적인 학습 두뇌능력 이외에도 초등학교의 교과목 내용과 직접적으로 관련된 보드게임도 다양하게 출시되어 있습니다.

### 1) 수학

개정된 초등학교 수학과목은 스토리텔링(Storytelling) 방식을 취하면서 수학적 개념과 원리를 설명하는 새로운 교수법으로 바뀌었습니다. 이것은 실생활과 연관지어 다양한 분야의 소재를 활용해 아이들의 수학적 흥미를 높여준다는 점에서 큰 의미가 있지요.

초등학교 각 학년의 수학 교과서는 '단원도입, 개별차시, 문제해결, 창의마당, 단원평가'로 구성되어 있으며, 스토리텔링 기법을 활용해 큰 맥락 속에서 수학적 개념과 원리, 법칙들을 학습할 수 있도록 유도하고 있습니다. 즉, 수학의 개념과 용어를 이전의 주입식으로 가르치는 방식이 아닌, 이야기라는 맥락을 통해 쉽게 익히는 새로운 방법입니다. 수학이라고 해서 무조건 계산을 하고 문제를 푸는 능력을 키우는 데 치중하는 것이 아니라 수학적 문제 상황을 해결하거나 추론하는 능력에 더욱 중점을 두었다고 할 수 있습니다.

**초등수학은 크게 수와 연산, 도형, 측정, 규칙성(패턴), 확률과 통계 등의 5개 영역으로 나뉘어져 있습니다.** 수는 자연수, 분수, 소수를 차례로 배우는데, 먼저 자연수를 통하여 사칙연산을 하고 나서 분수와 소수를 배우고 이 수들에 대하여 사칙연산을 마치면 초등학교 수와 연산 영역은 끝나게 됩니다. 또한 도형과 측정영역은 서로 분리되어 있지만, 서로 밀접한 관련이 있기 때문에 상호적 비교를 통해 배우는 것이 좋습니다. 도형은 크게 평면도형과 입체도형으로 나눌 수 있는데 평면도형은 4학년까지 배우고 5, 6학년에서는 주로 입체도형에 대하여 학습하게 됩니다. 내용을 정리하면 〈표2〉와 같습니다.

[표 2. 초등학교 수학 교과과정]

| 구분 | 1~2학년 | 3~4학년 | 5~6학년 |
|---|---|---|---|
| 수와 연산 | ·네 자리 이하의 수<br>·두 자리 수의 덧셈과 뺄셈<br>·곱셈 | ·다섯 자리 이상의 수<br>·세자리 수의 덧셈과 뺄셈<br>·곱셈과 나눗셈<br>·자연수의 혼합계산<br>·분수와 소수<br>·분수와 소수의 덧셈과 뺄셈 | ·약수와 배수<br>·분수의 덧셈과 뺄셈<br>·분수의 곱셈과 나눗셈<br>·소수의 곱셈과 나눗셈<br>·분수와 소수의 혼합계산 |
| 도형 | ·입체도형의 모양<br>·평면도형의 모양<br>·평면도형과 그 구성요소 | ·도형의 기초<br>·평면도형의 이동<br>·원의 구성요소<br>·다양한 삼각형과 사각형<br>·다각형 | ·합동과 대칭<br>·직육면체와 정육면체<br>·각기둥과 각뿔<br>·원기둥과 원뿔<br>·입체도형의 공간 |
| 측정 | ·양의 비교<br>·길이 측정<br>·시각 읽기<br>·시간과 시각 | ·들이<br>·무게<br>·각도<br>·어림하기(반올림, 올림, 버림)<br>·수의 범위(이상, 이하, 초과, 미만) | ·평면도형의 둘레와 넓이<br>·무게와 넓이의 다양한 단위<br>·원주율과 원의 넓이<br>·겉넓이와 부피 |
| 규칙성 | ·수와 문양의 규칙 찾기 | ·규칙 찾기<br>·규칙성과 대응 | ·비와 비율<br>·비례식과 비례배분<br>·정비례와 반비례 |
| 확률과 통계 | ·분류하기<br>·간단한 표와 그래프 그리기 | ·자료의 수집 및 정리<br>·표 만들기<br>·그래프 그리기 | ·가능성과 평균<br>·경우의 수와 확률 구하기<br>·띠, 원, 비율그래프 |

출처: 신동엽(2013), *스토리텔링 수학*, 북스토리

보드게임 또한 초등수학 교과목에 따라 다양하게 분포되어 있습니다. 수와 연산에 해당되는 [파라오코드]와 [셈셈피자가게], 수의 배수 개념을 알려주는 [로보 77] 그리고 수의 배열 개념을 알려주는 [스트림스]와 [젝스님트] 등이 잘 알려져 있습니다.

또한 도형의 개념을 재미있게 연습할 수 있는 [우봉고] 그리고 추상적 공간개념을 익힐 수 있는 [블로커스]와 [픽셀], 그리고 수의 조합과 확률의 개념을 이해시켜주는 [세트]가 있습니다. 이외에도 면적과 분포의 개념을 재미있게 연습할 수 있는 땅 따먹기 방식의 [마라케시]도 매우 유용한 학습도구로 활용될 수 있습니다.

수학 교육에 관련된 기존의 학습지나 문제풀이 연습 책에 비하여, 보드게임의 가장 뛰어난 장점은 바로 **수학 게임의 재미와 경쟁의 요소**입니다. 사칙연산의 기계적인 연습에서 벗어나 게임의 규칙과 경쟁을 통하여 아이들은 자연스럽게 암산하고, 도형과 공간의 개념을 재미있게 익혀나가는 것입니다. 결코 지루할 틈이 없이 협동과 경쟁을 통해 몰입할 수 있다는 것입니다. 또 한 가지 장점은 단순한 문제풀이 형태의 수학공부에서 벗어나, 수학을 실생활에 활용해 볼 수 있는 기회가 생긴다는 점입니다. 수학과 관련된 보드게임을 하는 동안 아이들은 스스로 암산하고 계산하며, 공간에 대한 개념뿐만 아니라 통계와 패턴(규칙성) 등을 자연스럽게 익히게 됩니다. 이 점은 아이들에게 초등학교에서 배우는 수학과목의 기본 영역, 즉 수와 연산, 도형, 측정, 규칙성(패턴), 확률과 통계 등을 더욱 실감나도록 도와주는 역할을 합니다. "수를 먼저 좋아하지 않고서는 결코 수학을 잘 할 수 없다"라는 말은 너무나도 자명한 일입니다.

## 2) 언어(국어와 한자 그리고 영어)

### ① 국어

개정된 초등 국어의 가장 큰 외형적 변화는 국어라는 주 교과서와 국어 활동이라는 보조 교과서로 구성된 점이며, 듣기와 말하기가 통합되었고 읽기와 쓰기, 문법과 문학이 그 내용의 주를 이룹니다. 교과서의 내용을 자세히 살펴보면 학습자의 흥미를 불러일으키기 위해 주로 실생활의 경험을 근거로 말을 하거나 글을 쓰도록 유도하고 있습니다. 1학년 신입생의 경우 글자를 익혀 글씨를 바르게 쓰는 것이 1학기의 1차적인 목표이고 그 뒤 자신의 주변에서 일어나는 일에 대한 생각을 글로 표현하고, 특정 대상의 특징이 드러나게 짧은 글을 쓰는 연습을 하도록 개정되어 있습니다. 각 학년별로 초등학생이 갖추어야 할 독서능력을 참조하여 정리하면 다음과 같습니다.[3]

3) 김명미(2009). *초등읽기능력이 평생성적을 좌우한다*. 글담출판사

**[표 3. 초등학교 국어 독서능력]**

| 구분 | 글의 종류 | 주요 독서능력 |
|---|---|---|
| 1학년 | 생활문, 동시, 일기, 옛이야기 등 | 띄어쓰기와 문장부호<br>인물의 모습과 성격파악<br>글쓴이의 의견 찾기<br>주제에 대해 생각하기 |
| 2학년 | 견학기록문, 전기문, 편지글 등 | 내용을 그림으로 표현하기<br>이어질 내용 상상하기(추론)<br>듣거나 읽은 내용을 전달하기<br>목적에 알맞은 글쓰기 |
| 3학년 | 창작동화, 시, 설명문, 극본, 논설문, 관찰기록문, 독서 감상문 등 | 단어의 문맥파악하기<br>문장의 맥락 이해하기<br>줄거리 및 사건의 순서 파악하기<br>시 낭송 및 느낌 표현하기 |
| 4학년 | 기행문, 희곡, 조사 기록문 등 | 제목보고 내용 예측하기<br>작품의 시대적, 문화적 배경 이해하기<br>시를 읽고 주제파악하기<br>운문과 산문의 차이점 알기 |
| 5학년 | 연설문, 전래동요, 회의 기록문 등 | 글의 인과관계 파악하기<br>작품에 대한 느낌을 비교하기<br>인물의 삶과 현실을 비교하기<br>사실과 의견을 구별하기 |
| 6학년 | 고전, 수필, 토론 기록문, 시조, 설화, 소설 등 | 속담, 격언, 관용표현 이해하기<br>작가의 의도 파악하기<br>작품의 가치와 문화를 현실과 비교하기<br>원인을 분석하여 문제 해결방안 제시하기 |

아이들이 개정된 교과서에 잘 적응하기 위해서는 그 어느 때보다 '읽기능력'이 뒷받침되어야 합니다. 즉, 읽기능력이란 글의 내용을 이해하고 글이 전달하고자 하는 내용을 분석하며 이를 적용하고 비판하면서 글의 전체적인 맥락을 파악하는 능력을 말합니다. 국어나 사회과목뿐만 아니라 수학과목 또한 스토리텔링 형식으로 바뀌면서 지문의 내용을 정확하게 이해하지 못하면 문제를 풀 수 없게 되었습니다. 읽기능력을 배양시킬 수 있는 가장 좋은 방법은 단연 다양한 종류의 책을 정확하게 많이 읽는 것입니다. 내용의 줄거리뿐만 아니라, 단어연상과 단어주제를 중심으로 카테고리를 정리할 수 있는 능력, 그리고 작가의 의도와 심중을

파악하고 이해하는 능력 또한 매우 중요합니다.

이러한 읽기능력의 중요성에도 불구하고, 왜 많은 아이들은 책 읽기를 어려워하거나 싫어하는 것일까요? 여러 가지 이유가 있겠지만, 우선 아이들은 문자보다는 그림이나 영상을 더욱 선호하기 때문일 것입니다. 그래서 글자로만 적힌 책보다는 만화책이나 동영상으로 구성된 학습내용을 더욱 애용하는 것이지요. 그러나 본질적으로 아이들의 읽기능력을 높이기 위해서는 독서를 통하여 두뇌의 사고력을 높여줄 수밖에 없습니다. 그렇다면 글자에 대한 재미와 사고력을 높일 수 있는 보드게임은 없을까요?

아이들이 처음부터 재미있게 문자나 기호 혹은 글을 접하게 된다면 아이들은 문자나 기호에 호감을 갖게 될 수 있습니다. 한글을 처음 배우는 아이들에게 보드게임 [라온]을 통하여 단어를 만들고, 초등학생에게 [블릿츠]나 [테마틱]을 통하여 단어를 연상하는 게임을 즐긴다면, 어휘를 자유자재로 활용하여 교과목에 적용할 수도 있을 것입니다.

특히, 아이들은 유치원이나 1학년 때에 한글 받아쓰기를 집중적으로 연습하게 되는데 선생님이 불러주는 말을 글로 옮겨 적으면서 아이들은 틀릴까 봐 긴장하고, 글자에 대한 거부감을 갖게 될 수도 있습니다. 이때 한글 학습용 보드게임은 문자 학습에 대한 거부감을 줄이고, 재미있

게 글자를 익힐 수 있도록 도와줍니다.

또한 단어의 단순한 조합에서 벗어나 [스피치]를 통하여 언어 발표능력을 높일 수 있는 보드게임도 있지요. 중고생에게는 [콘셉트]를 통하여 언어를 추리하고, [딕싯]을 통하여 자신의 감정을 표현하며 동시에 상대의 감정을 읽음으로써 대인 공감력을 높여 줄 수도 있습니다. 이와 같이 언어에 관련된 보드게임은 아이들에게 **문자와 단어의 연상력뿐만 아니라, 상황에 알맞은 적절한 언어 표현력**을 익히는 데 도움을 줄 수 있습니다.

### ② 한자

초등학교 고학년이 될수록 한자와 관련된 어휘가 많이 나와서 그 뜻을 이해하기가 어려워 집니다. 즉, 한자를 읽거나 쓰지는 못하더라도 한자

의 음과 훈을 모른다면 추상적인 어휘의 뜻을 모르고 지나치는 경우가 많습니다. 그러므로 어릴 적부터 한자를 쉽게 접하여 음과 훈을 미리 학습해 두는 것이 매우 유용합니다. 한자 보드게임에는 [고피시 한자 8급, 7급] 그리고 [마법천자문 고누놀이], [무한점프] 등이 있습니다.

근래에는 만화와 영화로 스토리텔링형 '마법천자문'이 출시되어 어린이들에게 인기를 끌고 있습니다. 이것은 아이들이 만화를 보며 자연스럽게 한자를 습득하게 만들고, 등장인물들이 한자마법이라는 방식을 통해 대결을 펼칩니다. 교육용 엔터테인먼트로서 학습과 재미를 결합한 '에듀테인먼트(Edutainment)'의 일종이라 할 수 있지요. 즉, 예전에는 까다로운 한자공부를 얼마든지 재미있고, 교육적으로 유용하게 만들 수 있다는 가능성을 보여주었지요.

출처: www.bnbpuzzle.com

### ③ 영어

영어과목 또한 아이들이 알파벳과 기본 어휘를 재미있게 익힐 수 있는 보드게임이 다양합니다. 아이들이 영어단어를 무조건 외운다는 것처럼 고역도 없을 것입니다. 특히 영어단어를 보고 원어민의 도움없이 정확하게 발음한다는 것은 매우 어려운 일입니다. 그러므로 영어를 가르칠 때는 무엇보다도 음성과 철자를 동시에 가르쳐주어야 합니다. 즉, 음성을 자주 들려주고, 철자는 아이에게 부담을 주지 않으면서도 자주 보여주어야 합니다. 그리고 단어와 문장연습을 통해 영어 표현을 자연스럽게 익히도록 외국어 학습환경을 만들어 주어야 합니다.

이런 측면에서 볼 때 멀티미디어의 음성기능이 없는 보드게임은 분명 단점이 있습니다. 왜냐하면 원어민의 음성을 보드게임에서는 직접 지원해 줄 수 없기 때문입니다. 향후 스마트폰 어플을 통해 음성지원이 가능한 보드게임도 출시될 수 있으리라 기대됩니다. 현재로서는 영어학습관련 보드게임에서는 영어철자와 단어 그리고 간단한 표현이 가능한 것이 있는데, [고피시 영어], [What's GNU?] 그리고 멘사게임으로 선정된 [Apples to Apples] 등입니다. 게임에 해당되는 영어단어가 나올 때마다 부모나 선생님이 영어발음을 직접 들려주거나 스마트폰의 영어사전을 통해 들려주는 것도 좋은 방법입니다. 또한 단어뿐만 아니라 문장과 표현을 예문을 통해 직접 만들어서 설명하는 것이 더욱 효과적인 교육법입니다.

### 3) 사회와 역사(도시건설, 금융 및 경제교육)

초등학교 교과목의 통합교과란 종전의 즐거운 생활, 바른 생활, 슬기로운 생활로 각각 나뉘어 있던 교과서를 하나로 묶은 것을 말합니다. 공간을 기준으로 나눈 '학교와 나, 가족, 이웃, 우리나라'와 시간을 기준으로 나눈 '봄, 여름, 가을, 겨울'의 8가지 대주제로 종전의 세 과목 교과를 통합하여 각 주제마다 한 권의 책으로 만들어져 있습니다. 교과서의 각 단원은 '만나요, 해봐요, 마무리해요'로 구성되어 있고 '만나요' 단원에서 해야 할 활동을 먼저 살펴본 다음 '해봐요' 부분에서 바른 생활과 슬기로운 생활, 즐거운 생활로 각기 나눈 내용을 학습한 뒤 '마무리해요'을 통해 한 단원을 끝내는 것입니다.

바른 생활은 주황색, 슬기로운 생활은 연두색, 즐거운 생활은 분홍색으로 구분해 한눈에 알기 쉽도록 정리해놓았습니다. 한 가지 주제를 통해 실천과 탐구, 놀이를 모두 해볼 수 있게 된 셈이지요. 4월에 '봄'을 주제로 1학년이 봄맞이와 새싹을 배운다면 2학년은 봄 날씨와 생활, 봄나들이를 배우는 통합교과식으로 연계가 되어 있습니다.

초등학교 사회와 역사과목을 잘하기 위해서는 우선 읽기능력을 통하여 어휘와 배경지식을 많이 얻어야 합니다. 사회과목에 관련된 지리, 기후, 지역문화, 행정 체제, 음식, 풍습 등 국내와 세계의 배경지식을 차곡차곡 쌓아 올려야 하지요. 국사와 세계사 과목의 사건이나 인물 등의 이야기도 매우 중요합니다. 초등 교과목의 교재는 그 내용이 한정되어 있고, 교과서에 나온 것들을 모두 아이들이 체험하기란 어려운 일이지요.

특히 책을 읽기 싫어하는 아이들에게 무조건 책 읽기를 강요하는 것은 배경지식을 쌓기에 큰 효과를 얻지 못합니다. 그러므로 사회 및 경제 그리고 역사에 해당되는 이야기를 통하여 재미있게 접근해야 하는데, 역사 및 사회 경제 교육에 관련된 보드게임은 그런 역할을 할 수 있습니다. [문명] 이나 [7원더스] 게임은 세계역사 교육과 관련되어 있고, [아

그리콜라], [아낄란티스], [블루마블] 등은 사회 경제 교육에, [마이빅월드], [티켓투라이드] 등은 지리와 지역 특징에 관한 배경지식 쌓기에 도움을 줄 수 있습니다.

# Chapter 5
# 보드게임 속에 '창의교육' 있다.

창의교육이란 기존의 방식을 토대로 새롭고 독창적이며 유용한 것을 만들어 낼 수 있는 교육방식입니다. 좀 더 학술적으로 말하자면 어떤 문제나 필요성을 인식하고, 가설이나 검증을 세우며 유용한 결과를 만들어내는 일련의 과정을 말합니다. 전통적인 사고유형에서 벗어나 비범하고 독특한 아이디어를 통해 만들어진 인간의 발명품들이 여기에 속합니다.

예를 들어, 중국의 4대 발명품인 종이와 인쇄술, 화약과 나침반 등은 인류의 문명을 발전시켜 놓은 토대가 되었습니다. 종이와 인쇄술은 인류의 지식문화를 기록하고 보존할 수 있도록 만들어 놓았고, 화약은 총이나 폭탄 등 무서운 무기를 만들 수 있는 기초가 되었으며, 나침반은 항해술의 발달을 이끌며 동서문명의 교류를 가능하도록 만들었기 때문입니다. 이외에 세상을 바꾼 발명품은 참으로 대단한 것들입니다. 인간의 몸을 관통한 X-선, 최초의 항생제 페니실린, DNA의 이중나선구조, 로켓엔진, 증기기관차, 자동차와 컴퓨터 등은 문명의 대변혁을 가져왔습니다.

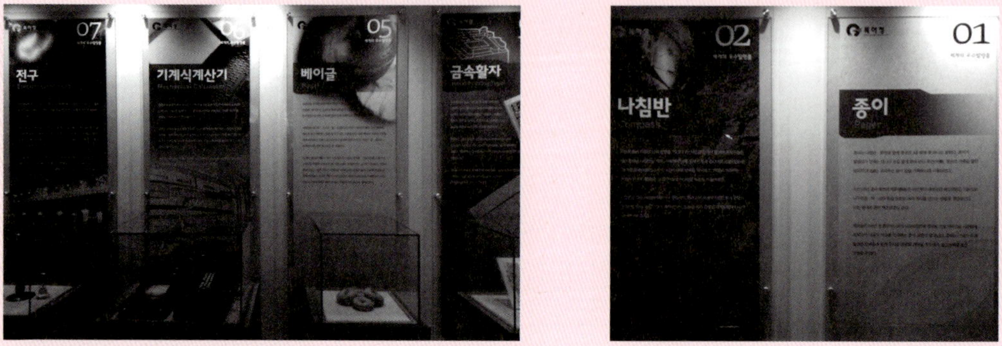


특허청 홍보관-발명인의 전당

학교에서 가르치는 창의교육의 목표는 미래세계에서 우리에게 필요한 과학과 의학의 새로운 발명품을 만들어 낼 수 있는 토대를 만들고자 이루어질 것입니다. 무선혁명의 사물인터넷, 로봇과 우주선의 새로운 시대가 도래할 것을 사람들은 모두 알고 있습니다. 창의적인 교육을 위해서는 우선 창의적으로 생각할 수 있는 사람이 필요합니다. 창의적인 사람이란 주변에 대해 강한 호기심을 가지고 탐색하며 새로운 방법을 궁리하는 사람입니다. 근거를 바탕으로 문제를 해결할 수 있는 독창적인 아이디어를 만들어내는 능력이지요. 창의성 있는 아이는 문제가 발생했을 때 당황하거나 두려워하지 않습니다. 오히려 자기가 알고 있는 여러 개의 사실을 토대로 새로운 아이디어를 내놓지요.

그러므로 창의성 있는 아이에게 문제란 기피대상이 아니라, 즐거운 놀이이며, 새로운 발상의 기회입니다. 한 예를 들어보겠습니다. 미술시간에 선생님이 한 아이에게 묻습니다. 지금 무엇을 그리고 있니? 그 아이는 다름아닌 신의 얼굴을 그리고 있는 중이라고 말했지요. 선생님은 어이가 없다는 듯 이렇게 말합니다. "아무도 신의 얼굴을 아는 사람은 없단다." 그러자 아이의 대답은 매우 간단 명료했지요. "곧 알게 될 거예요."[1] 즉, 편견을 갖고 있는 어른들은 알 수 없지만, 아무런 선입견이 없는 아이들에게는 신의 얼굴도 그릴 수 있는 것입니다. 마치 미켈란젤로가 바티칸 시스티나 성당(Cappella Sistina)에 신의 얼굴을 그린 것처럼 말입니다.

창의성교육은 이렇듯 발명품이나 독창적인 사고 및 예술분야까지 다양한 영향을 미치지만, 정작 우리나라의 창의성교육의 수준은 서양에 비하여 낮은 편입니다. 한국교육의 가장 큰 문제점은 **교실에서 왜(why?)라는 질문이 점차 사라져가고 있다는 사실**입니다. 우리는 세계적인 IQ인재를 보유하고, 세계 수학 및 과학대회에서 우승을 차지하지만, 정작 한국에서 노벨 과학상이 아직까지 나오지 못한 이유는 무엇일까요? 그것은 초중고 학생들의 지적 호기심이 점차 줄어들기 때문일 것입니다. 특히 국내의 서열화된 대학입시 경쟁으로 인하여, 학풍이 사라지고 오직 성적과 결과만이 중시된 사회가 된 지 오랩니다. 학교에서는 문제풀이의 과정보다는 정답 혹은 오답으로만 성적이 처리되고, 질문에 독특한 사유 과정 없이 모범답안이 바로 제시되는 교육과정도 문제입니다. 교실에서 왜(why?) 라는 질문이 사라졌다는 것은 부모 자식 간에 혹은 교사와 학생 간에 지적 대화와 토론이 사라졌다는 것을 뜻합니다. 교육과 배움의 차이점은 호기심의 차이라고 존 홀트(John Holt, 1923-1985)는 주장하였지요.

"교육이란 교사가 학생들에게 무언가를 전달 혹은 주입시킨다는 뜻입니다. 그러나 배움이란 숨쉬기와 같습니다. 아기들이 그렇듯이 살아 움직이고, 호기심을 갖고 모든 감각을 사용하여 세상을 탐구하는 과정입니다."[2]

호기심(好奇心)이란 새롭고 신기한 것을 좋아하거나 모르는 것을 알고 싶어 하는 마음이지요. 아이들의 왕성한 지적 활력은 바로 호기심에서 나

---

1) 출처: TED, Ken Robinson: *Do schools kill creativity?*

2) 존 홀트(2007). *아이들은 어떻게 배우는가?* 아침이슬

옵니다. 무거운 쇠 덩어리가 날개를 달고 하늘을 날며, 바다 위를 둥둥 떠다니는 이유는 무엇일까? 혹은 바람은 어디에서 오고, 하늘에서 비는 어떻게 만들어져 땅 아래로 떨어질까?라는 자연현상의 질문에서부터 소리 나지 않는 방귀냄새가 왜 더 지독할까? 혹은 배속에서 왜 꼬르륵 소리가 들릴까? 라는 재미있는 생활속의 질문까지 모두 호기심에서 시작됩니다.

아이들의 호기심과 재미를 불러 일으키지 못하고, 어떻게 창의교육을 할 수 있을까요? 물론 개정된 초등학교 교과서에는 아이들의 흥미를 이끌어낼 수 있는 재미있는 소재가 많이 있습니다. 학교 선생님들도 주제와 관련된 동영상과 파워포인트 자료를 제시하면서 열심히 가르칩니다. 실생활에 관련된 소재의 스토리텔링형 수학이나 과학과목 등은 이전과는 다르게 이해하기 쉽고, 참신하게 꾸며져 있습니다. 그러나 이 모든 노력에도 불구하고 아이들의 생각과 질문 자체를 자발적으로 이끌어 내지 못한다면 아이들의 사고 능력을 향상시킬 수는 없겠지요.

학교에서 활용할 수 있는 창의교육이란 결코 먼 곳에 있지 않습니다. 과학과 예술분야뿐만 아니라, 아이들이 재미있어하는 보드게임을 중심으로 게임의 룰을 변경하거나 확장시키는 방법도 신선한 아이디어를 제공할 수 있습니다. 특히 보드게임은 수학적 논리지능과 컴퓨터 프로그램을 작성할 때 기초가 되는 데이터 구조나 알고리즘(Algorithm)을 이해시키는 데 도움을 줄 수 있습니다. 이미 지역의 초등학교나 영재교육원에서는 창의수업을 목표로 수학, 과학 그리고 발명을 중심으로 다양한 교육프로그램이 개발되어 있습니다. 초등 교과목 수업과 관련된 다양한 컴퓨터 코딩과 알고리즘에 관한 교육과정이 이미 나와있지요.[3)]

어릴 적부터 다양한 보드게임의 룰과 과정을 배우는 데 익숙한 아이들

3) 참조: 김종훈, 양영훈(2014). *꼬마해커의 작업실, 스크래치*. 한빛미디어 /김종훈(2014). *스크래치 알고리즘*. 한빛미디어

은 이것을 경험해보지 못한 아이들보다 새로운 규칙이나 패턴을 더 빠르게 이해할 수 있지요. 특히 보드게임을 통해 수학적인 논리와 추리능력을 기르고, 이를 수업에서 적극 활용한다면 더욱 큰 효과가 나타날 수 있을 것입니다. 아이들이 컴퓨터 코딩과 프로그래밍 과정에 흥미를 갖고 노력한다면 더 나아가 **게임개발자, 사물인터넷, 로봇과 우주 공학자의 전문가의 길로 들어설 수 있는 무한한 가능성**을 지니고 있습니다. 특히 2015년도 개정교육과정에서 소프트웨어(SW)교육이 필수화되고, 시범학교가 운영되면서 학부모와 학생들의 SW 교육에 대한 관심이 날로 증가하고 있지요. 정부의 미래창조과학부[4]에서는 미래의 창의적 인재개발을 위해 SW 교육 선도학교, SW 창의캠프 및 SW 경진대회를 더욱 활성화시킬 방침입니다.

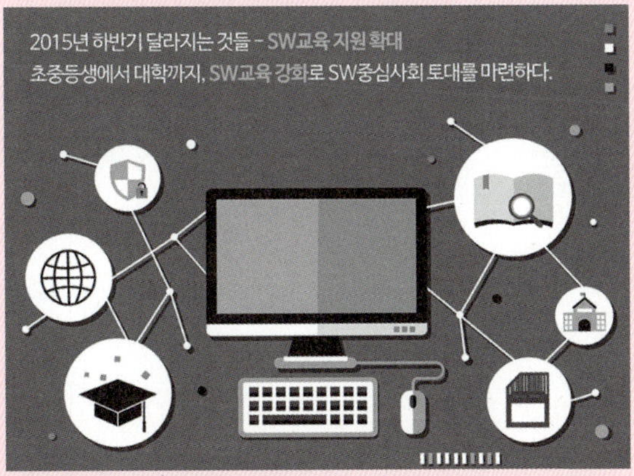


미래창조과학부 - SW와 콘텐츠

학교에서 교과목 학습에 도움을 줄 수 있는 보드게임의 룰과 알고리즘 방식을 연구한다면 학생들에게 수업의 재미뿐만 아니라, 향후 게임산업

---

4) 출처: 미래창조과학부(http://www.msip.go.kr/)

과 프로그래밍의 발명과 특허 그리고 저작권까지 얻을 수 있는 탄탄한 기초과정이 될 것입니다. 이는 보드게임 아마추어 작가 양성 과정을 통해 게임유저들이 선호하는 게임의 룰과 방식을 연구하여 디지털 기술로 전환하고 발전시킬 수도 있지요. 최근에는 미국 MIT에서 개발된 '스크래치(Scratch)' 라는 컴퓨터 프로그램을 이용하여 국어, 수학, 과학, 사회 및 음악 과목 등 교과목에 관련된 지식을 직접 소프트웨어로 만들 수 있는 기술이 널리 보급되어 있습니다.

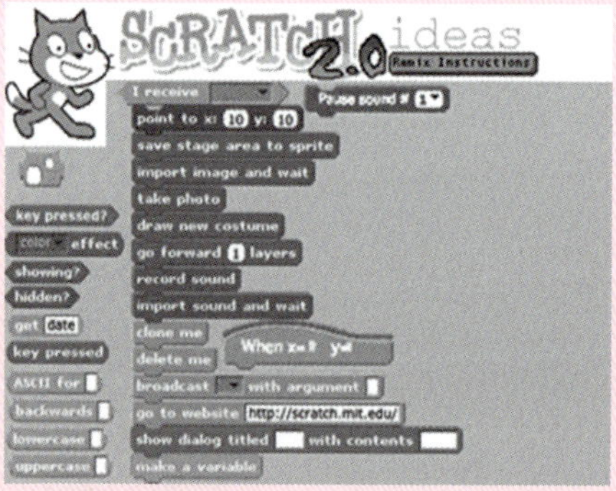

**스크래치 프로그래밍**
출처: scratch.mit.ed

창의교육을 위한 발명 단계는 먼저 사람들에게 필요성을 인지시키고, 이를 기획하고 제작하며 마지막으로 활용을 통하여 검증하는 구체적인 단계입니다. 교실에서 보드게임 전문 교사와 학생들이 모여 단지 게임을 수행하는 것뿐만 아니라, 이것의 장단점을 논의하고, 교육목적에 알맞게 변경 및 확장시키며 새로운 아이템을 통해 개발하는 과정을 연습한다면, 이것은 창의 및 발명 교육에 큰 보탬이 될 것입니다. 학생들은 그룹을 만들어 선의의 경쟁을 통해 능동적으로 참여하고, 파워포인트나 프레지(Prezi) 프로그램을 통해 시연하며, 이것을 앱이나 소프트웨어로 발전시킬 수 있다면 매우 훌륭한 창의교육의 한 예가 될 것입니다.

**프레지 저작도구**
출처: edshelf.com

마지막으로 창의교육과 보드게임의 활성화를 위해 전국 보드게임 대회뿐만 아니라, 각 지역에 '보드게임 도서관'을 설립하고 운영할 필요가 있습니다. 해마다 개최되는 '보드게임콘'은 보드게임을 좋아하는 사람이라면 누구나 참여할 수 있는 보드게임 축제입니다. 보드게임에 관련된 세미나와 체험존 그리고 각종 보드게임 대회도 개최되어 초중등학생의 열기는 매우 뜨겁습니다. 앞으로 보드게임에 관련된 행사는 더욱 늘어

**2015년도 보드게임콘**

나고 보급될 것으로 보입니다.

이와 다르게 지역에서 무료로 즐길 수 있는 보드게임 센터는 턱없이 부족한 실정입니다. 이 시대의 공공 학습장소로서 도서관이란 곳은 더 이상 가만히 앉아서 시험 공부하고 전시된 책만 읽는 장소가 아닙니다. 인터넷 정보화 시대에도 불구하고 아이들이 여전히 도서관에서 조용히 앉아 책을 읽고, 대출한 후 집으로 돌아간다면 무슨 도움이 되겠습니까? 지역과 학교 도서관은 바로 새로운 아이디어와 지능발달에 도움을 줄 수 있는 능동적인 교육센터로 변모되어야 합니다. 그렇게 만들기 위해서는 도서관에서 책을 읽는 것뿐만 아니라, 토론식 창의교육을 실시하면서 지능발달에 도움이 될 수 있는 프로그래밍 교육과 보드게임을 위한 새로운 형태의 공공 도서관을 만들어야 할 것입니다. 현재는 초등 및 중등학교의 방과 후 학교에서 보드게임 반이 운영되고 있는 실정이지만, 가정이나 지역 도서관에서도 보드게임이 많이 보급되어 언제 어디서든 아이들이 무료로 이용하며, 지능 개발에 보탬이 되어야 할 것입니다.

**외국의 보드게임도서관**
출처: ccgclibraries.com.

Part 2

# 보드게임 활용

## Part 2

이제부터는 실제로 보드게임을 하면서 아이와 함께 즐겁게 놀아줄 시간입니다. 유아와 초등 그리고 중학생은 각각 그 관심과 성향이 매우 다릅니다. 유아는 아직까지 부모의 보호를 받으며 성장하지만, 초등학생이 되면서 점차 키와 몸이 자라면서 부모로부터 벗어나려고 하지요. 이 점은 교육의 목표인 '자립' 차원에서 보면 매우 긍정적인 변화입니다. 부모나 교사는 유아, 초등 그리고 중학생에게 알맞은 보드게임 방식과 기술을 먼저 습득해야 합니다.

우선 아이의 연령에 따라 보드게임 판을 만들어 봅니다. 유아가 원하는 장난감을 목표로 정하고, 보드게임에서 승리를 할 때와 학습 과제를 수행했을 때마다 '참 잘했어요' 스티커를 줍니다. 그러나 이미 훌쩍 커버린 아이에게는 '가상 화폐동전' 스티커를 대신 줍니다. 가상화폐는 나중에 실제 돈으로 바꾸어주어 아이들이 아이스크림을 사먹거나, 저축을 할 수 있도록 유도합니다.

아이들은 보상으로 얻은 장난감이나 아이스크림을 사 먹을 수 있으니 게임에 관련된 공부를 연습하면서도 지루하거나 쉽게 지치지 않을 것입니다. 물론 부모는 아이가 공부 자체에 몰두하여 스스로 공부하기를 원하지만, 공자나 맹자가 아닌 이상, 이런 아이는 찾기 힘들지요. 보드게임과 연관학습을 꾸준히 하다 보면, 어느덧 아이는 공부의 원리를 터득하게 되고, 자신감을 갖게 될 것입니다. 물질적 보상 또한 아이가 부모의 참 뜻을 알게 되면 더 이상 무리하게 요구하지 않고, 보드게임 자체를 즐기게 될 것입니다. 단, 부모는 아이가 목표를 이루고 나면 진심으로 함께 기뻐해야 한다는 점입니다. 진심어린 격려는 항시 물질을 주는 것보다 더 낫지요. 또한 부모가 선물을 준다고 약속을 했다면 이를 반드시 지켜야 합니다. 아이들은 선물을 못받아서가 아니라, 약속을 지키지 않는 부모에게 실망하는 것입니다.

Chapter 1

# 유아 대상

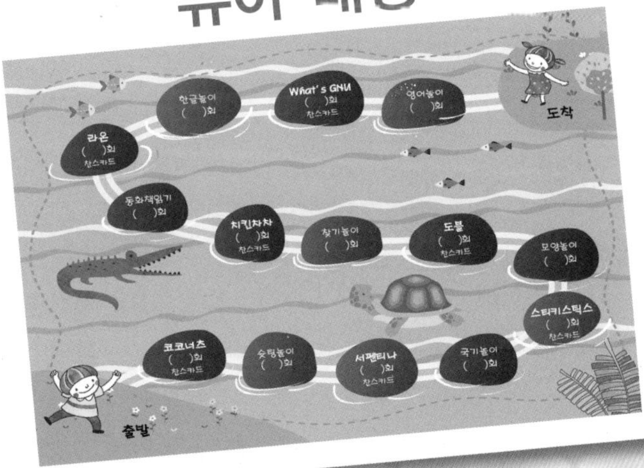

# Chapter 1 _ 유아 대상

유아교육의 키워드는 '학습의 즐거움'입니다. 즉, 공부를 연습시키는 것이 아니라 공부는 즐거운 놀이가 되어야 한다는 뜻입니다. 그래야 아이가 처음부터 학습에 대한 거부감을 갖지 않게 됩니다. 숫자와 도형놀이, 글자놀이 및 영어놀이를 통해 스폰지에 물이 스며들듯이 자연스럽게 공부가 이루어져야 합니다.

흔히, 고학력을 지닌 부모나 교사가 자식을 공부시키는 데 어려움을 갖는 이유는 부모자신의 교육방식대로만 하기 때문입니다. 어릴 적부터 무리하게 학습을 강요하다 보면 아이는 공부를 두려워하며 피하게 됩니다. 점차 재미와 자신감을 잃게 되고, 상황은 더욱 악화되기 쉽지요. 그러므로 유아들에게 공부란 보드게임처럼 즐거운 놀이가 되어야 합니다.

또한 부모나 교사들은 유아를 그 기질에 따라 다르게 지도해야 할 것입니다. 성격이 느긋한 아이, 성급한 아이 혹은 겁이 많은 아이는 보드게임을 할 때도 각기 다른 방식으로 대해줘야 합니다. 느긋한 아이는 부모가 좀 더 잘 할 수 있을 때까지 기다려야 하고, 성급한 아이에게는 혼내지 말고 좀 더 차분하게 타일러 주며, 겁이 많은 아이에게는 부모가 게임에서 일부러 져 주면서 아이의 자신감을 높여주어야 하지요. 결국은 보드게임 자체가 중요한 것이 아니라, 부모나 교사가 각기 다른 기질의 아이들에게 어떻게 맞추어 주느냐가 관건입니다.

어린 유아를 키우는 부모들은 각기 저마다의 고민을 안고 살아갑니다. 물론 훌륭하게 자녀를 잘 양육하고 교육하는 부모들도 있지만, 참으로 안타까운 경우도 많지요. 학습부진아나 발달장애아를 키우는 부모들은 대부분 그 자신들도 우울증이나 강박관념 등 정신적인 장애를 갖고 있기도 합니다. 어쩌면 이것은 새내기 부모들이 훌륭한 부모가 되기 위한 성장통을 겪어야 하는 과정일지도 모릅니다. 이때 가장 중요한 것은 부모의 시선으로 아이를 바라볼 것이 아니라, 아이의 시선으로 세상을 바라봐야 한다는 것입니다. 모든 부모들이 자녀를 위해 꼭 훌륭한 교육자가 될 필요는 없습니다. 그러나 양육 방식은 아이의 기질과 정서에 매우 중요한 영향을 끼칩니다. 자녀교육과 양육이 어려운 모든 부모들은 꼭 포기하지 말고 힘내시길 바랍니다.

## 1. 가족용 보드판 만들기

부록에 제시된 유아용 보드게임 판에 가족과 상의하여 횟수와 찬스카드를 직접 만들어 보세요. 횟수는 자녀와 상의하여 직접 입력합니다. 보드게임의 순서는 가족용 파티게임에서 학습용 게임으로 난이도를 높였으며, 게임의 횟수 또한 점차 늘려서 레벨업시키는 것이 좋습니다.

1. 출발 및 도착 이외에 총 14단계 – 유아용 보드게임 7가지와 이와 관련된 학습내용을 중간에 각각 끼워 넣고 전체 게임기간은 한달 이내가 바람직합니다.

2. 단계 별로 스티커 붙이기 - 보드게임은 아이가 승리를 할 때마다, 연계학습은 과제를 다 마쳤을 때마다 스티커를 떼어줍니다.

3. 찬스카드를 각자 만들어 활용합니다(예 - 치킨주문, 피자주문, 패밀리 레스토랑, 가족여행, 아이스크림, 목마 태우기, 워터파크 놀이, 실내용 농구, 꽝!, 뽀뽀 3번, 심부름 들어주기 등).

4. 도착 칸에 타이틀과 해당 물건 이미지 부착하기 – 목적지에 도착하면 가족 모두 축하 파티 열어 아이가 성취의 기쁨을 느낄 수 있도록 도와줍니다.

**[ 잠깨보 유아용 보드판 ]**

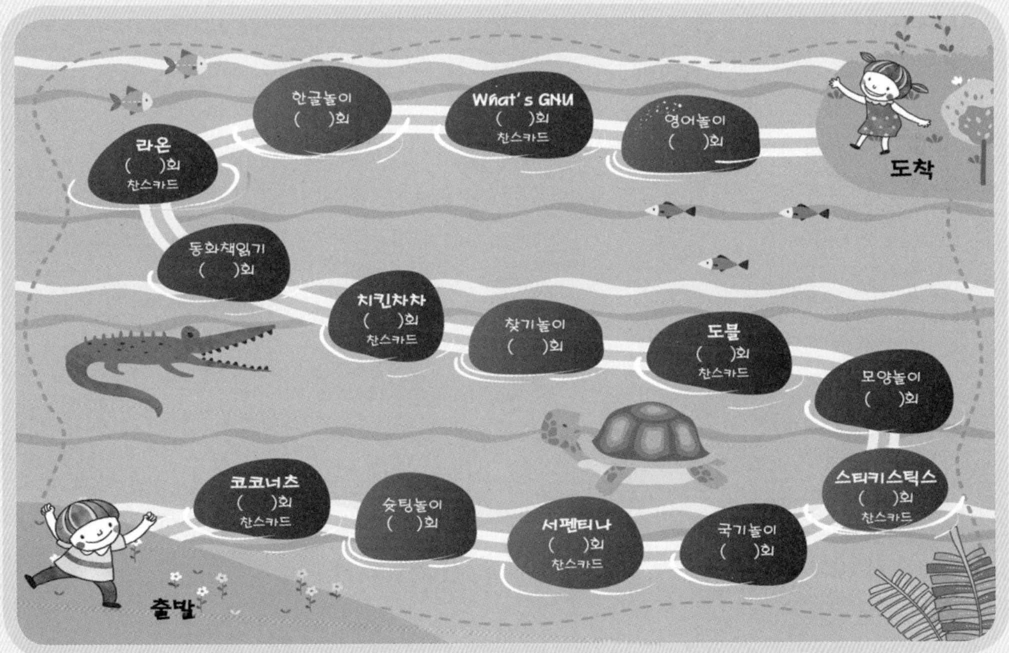

## 2. 유아와 게임을 효과적으로 진행하는 방법

유아기의 특성에 맞도록 다음 사항에 유념하여 진행해 주시길 바랍니다.

❶ 게임방법을 부모가 먼저 정확하게 숙지해야 합니다. 각 게임방법에 제시된 동영상 추천(QR 코드)을 확인하시길 바랍니다.

❷ 모든 게임은 가족의 엄마, 아빠, 그리고 아이 3인 이상 참여하는 것이 좋습니다. 물론 가족마다 상황이 각기 다르겠지만, 2인용 보드게임을 제외하고는 3인 이상이 참여해야 더 재미있습니다.

❸ 게임을 하는 동안에는 아이의 흥미를 돋구기 위해 약간의 극적인 연출을 하는 것이 좋습니다. 무미건조한 게임이라면 아이 또한 흥미를 얻지 못할 수 있지요. 주사위를 던지거나 찬스카드를 사용할 때 혹은 게임에 지게 되는 경우 부모가 표정을 재미있게 한다면 아이 또한 즐거울 것입니다.

❹ 보드게임을 모두 구입하기에 부담스러운 경우에는 친한 부모나 지인들과 의논한 후, 서로 필요한 것을 나누어 구매한 후, 보드게임을 서로 빌려주고 받는 방법도 좋습니다. 지역 내 보드게임 센터를 방문하여 활동하는 것도 좋습니다.

❺ 보드게임과 관련된 스마트폰이나 i-PAD 교육용 게임을 병행해도 좋습니다. 특히 아이가 스마트폰을 무절제하게 사용한다면 큰 문제가 될 수 있으므로, 아이가 보드게임의 미션을 잘 수행하거나 스티커를 착실하게 받고 또한 약속을 잘 이행한다면 그 보상으로 스마트폰 사용을 조건적으로 허락합니다. 아이가 스마트폰을 지나치게 사용한다고 생각할 경우, 시간과 횟수를 제한하고, 점차 줄여가는 방식으로 사용하시길 권장합니다. 이때에도 놀이용 게임이 아닌, 보드게임과 관련된 교육용 소프트웨어나, 앱으로 제안하는 것이 좋습니다. 이때 중요한 것은 아이를 강제적으로 협박하거나, 잔소리를 해서는 안된다는 것입니다. 아이와 논의하여 왜 컴퓨터나 스마트폰게임이 문제가 되는지 설명하고 아이와 협의를 해야 합니다.

[ 집중력 ]

# 1-1. 코코너츠(Coconuts)

## 1. 게임 키워드 - 슛, 골인(Shoot, Goal in)!

여러분은 포물선을 그리며 그물 속으로 빨려 들어가는 농구를 좋아하시나요? 손바닥으로 밀어 던진 농구공의 포물선은 참으로 긴장감을 더합니다. 전세계의 어린이를 매혹시켰던 '앵그리버드(Angrybirds)' 스마트폰 앱 게임 또한 포물선으로 날아가, 세워진 건물을 부수어버리지요. 이 게임은 특히 남자아이들이 좋아하는데, 그 이유는 무엇일까요? 바로 앵그리버드가 날아가서 공격하고 파괴하는 것처럼 여기에 인간의 본능이 숨어 있기 때문이 아닐까요? 이와 달리 [코코너츠] 보드게임은 물건을 부수는 파괴력보다는 컵 안에 코코넛을 골인시키는 방식으로 재미있게 만들어져 있습니다.

우선 컵 안에 코코넛을 집어넣기 위해서는 발사대를 위치에 놓고 세기, 높이 그리고 방향에 따라 민감하게 조작해야 합니다. 코코넛이 컵 속으로 빨려 들어가면 아이들은 환호성을 지르고, 다시 튕겨져 나오면 안타까운 한숨을 쉬지요.

## 2. 게임 방법

**승리요건:** 원숭이 모양의 발사대를 이용해 코코넛을 쏴서 컵 속에 들어가면, 컵을 가져와 6개를 먼저 쌓아 올리면 승리합니다.

**순서와 규칙:** 2~4인이 이용할 수 있으며 코코넛이 컵 속으로 들어가는 묘미 때문에 아이와 어른 모두 참여하고 가족용 게임으로도 좋습니다. 코코넛이 상대방이 가져간 컵에 들어가면 상대의 컵을 빼앗아 올 수도 있습니다. 울퉁불퉁한 코코넛이 불규칙하게 튀어 예상치 못한 상황이 벌어집니다. 특히, 붉은색 컵에 코코넛을 넣게 되면 기회가 한 번 더 생깁니다. 손오공의 '술법 카드'를 사용하면 상대방이 눈을 감고 날려야 한다거나 입 바람을 불어 상대의 슛을 방해할 수 있습니다. 규칙과 방법이 매우 간단하지만, 컵을 뺏고 빼앗기는 요소 때문에 아이들의 경쟁심은 불타오르게 됩니다.

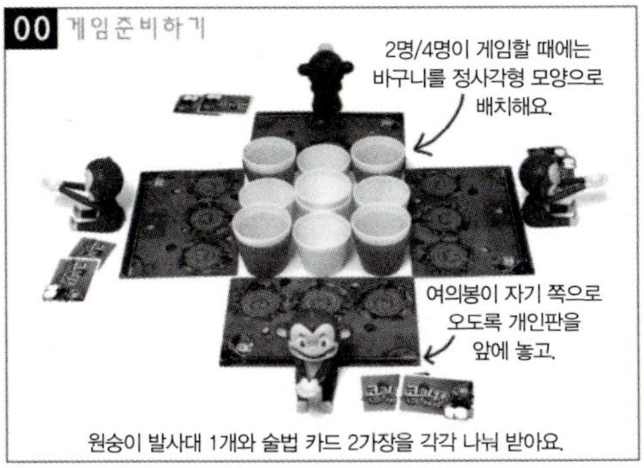

출처: 코리아보드게임즈(http://www.koreaboardgames.com)
♣동영상추천: https://youtu.be/HnX7BZI-F2g(출처: 다이브다이스)

## 3. 교육 연계활동

아이들의 집중력 향상을 위해서는 어떤 운동이 좋을까요? 슈팅(Shooting)은 생각하는 것만큼 단순한 놀이가 아닙니다. 목표물에 대한 거리, 높이, 강도를 정확하게 조절해야 합니다. 아이들은 장난감을 갖고 노는 것 같지만, 정확하게 골인하기 위해서는 그만큼 머릿속으로 생각과 소 근육 훈련을 많이 해야 합니다. 집중력을 요구하는 슛팅놀이는 앵그리버드, 링걸이게임(ring toss), 유아농구대 혹은 유아골프의 퍼팅놀이 등이 있습니다.

우선 링걸이게임은 거리와 던지는 자세를 통해 몸의 균형을 익히기에 좋습니다. 이것은 본래 말발굽 던지기(horse shoe pitching)에서 유래했는데, 우리나라의 항아리에 화살을 꽂는 투호(投壺) 놀이도 비슷한 방식입니다. 목표점에 정확하게 골인 했을 때 아이는 쾌감을 느끼게 될 것입니다. 집중력과 신체의 균형감각을 키우는 슈팅놀이는 특히 주의력 결핍의 ADHD나 소심하고 겁이 많은 아이들의 성격 개선에도 도움이 될 수 있지요. 골인 했을 때 쾌감은 아이들에게 자신감을 줍니다. 집에서 할 수 있는 것들이기에 자주 부모나 형제, 친구들과 시합을 해보시길 바랍니다.

[뽀로로 링걸이와 앵그리버드 슈팅놀이]

스마트폰 앱으로 개발된 [앵그리버드]는 새총으로 새를 날려 알을 훔쳐 간 돼지들을 물리치는 퍼즐게임입니다. 텍스트 없이 그림으로만 설명된 스토리는 아이들의 호기심을 더욱 자극합니다. 새들의 다양하고 귀여운 캐릭터, 간단한 조작과 플레이, 단계별로 레벨업(Level up)을 구성하여 게임 정복이 쉽지 않지요. 아이가 너무 앵드리버드 게임을 좋아하고 스마트폰에 빠져 있는 경우라면, 아래 [앵그리버드] DVD나 몸으로 즐기는 슛팅 장난감을 추천합니다.

[로비오 엔터테인먼트, 앵그리버드]

특히, 장난감 앵그리버드를 사용할 때는 한 개를 높게 쌓지 말고, 거리와 방향에 따라 여러 개를 나누어 탑을 쌓아 올립니다. 그래서 아이가 거리와 높이조절, 방향과 각도조절 그리고 세기 정도의 감각을 익힐 수 있도록 돕습니다. 물론 스마트폰의 앵그리버드 앱 게임이 더 잘 알려져 있지만, 아이가 손가락으로 터치하면서 노는 것보다 실제로 날아가는 앵드리버드를 보면 더욱 재미를 만끽하게 될 것입니다.

## 4. 발달장애 및 학습부진 아동교육

집중력은 장애를 겪고 있거나 인지력이 부족한 아이에게도 필수적이며 학습에 매우 중요한 기능을 합니다. 주의력 결핍과 과잉행동장애(ADHD) 때문에 친구들에게 따돌림을 당하고 학습에 어려움을 겪는 아이들이 점차 늘어나고 있습니다. 아이들뿐만 아니라 상처받은 부모들도 참으로 안타깝지요.

이런 아이들에게 섬세한 조작과 고도의 집중력이 요구되는 [코코너츠] 보드게임이나, 앵그리버드 슈팅놀이에 집중하리라는 기대는 처음부터 하지 않는 것이 좋습니다. 특히 너무 소극적이고 겁이 많은 여자 아이들은 물건을 무너뜨리고 파괴하는 게임을 좋아하지 않지요. 오히려 집안에서 할 수 있는 링걸이게임이나 농구놀이는 집중력뿐만 아니라 운동신경도 함께 발달 시킬 수 있지요. 먼저 아이에게 보드게임을 꼭 해야 한다는 부담이나 스트레스를 주지 말고, 부모부터 먼저 [코코너츠] 보드게임을 시작하면서 아이가 지켜보게 만듭니다. 아이가 점차 흥미를 보이면 룰을 가르쳐 주고, 아이가 집중할 수 있도록 도와줍니다.

일정한 룰이 있고 승부가 판가름 나는 보드게임은 **발달장애나 학습부진 아동들에게도 학습의 흥미와 자극**을 줄 수 있습니다. 발달장애의 심리를 오랫동안 치유했던 질 벨린슨(Jill Bellinson)[1]은 보드게임이 아이들의 관심을 끌기에 충분하고, 정서적인 조절을 하는 데 큰 역할을 할 수 있다고 주장했지요. 그러므로 발달장애아를 키우는 부모들은 쉽게 아이의 학습을 포기하거나 낙담해서도 안될 것입니다.

---

1) 질 벨린슨(Jill Bellinson, 2008). *보드게임을 활용한 아동심리치료*. 시그마프레스

[ 조합력 ]

# 1-2. 서펜티나(Serpentina)

## 1. 게임 키워드 - 다 내 꺼야!

누구나 다 기다림의 순간이 있지요. [서펜티나] 보드게임은 크고 긴 뱀(Serpent)의 머리, 몸통 그리고 꼬리모양의 카드를 색깔과 모양 별로 연결하는 인내의 게임이지요. 4~5세의 아이들이라면 부모와 함께 재미있게 게임을 할 수 있습니다. 색깔 별로 몸통을 잇고, 꼬리가 붙여지고, 마지막으로 뱀의 머리를 붙이는 사람이 다 가져갑니다. 아이들은 오랜 기다림을 통해 카드 전부를 얻거나 혹은 빼앗기는 경험을 하게 되지요. 카드를 모두 빼앗기는 경우 아이는 너무 몰입하고, 흥분해서 엉엉 울어버리는 경우도 생길 것입니다.

일명 '뱀 게임'인 [서펜티나]를 싫어하는 부모들도 있지요. 뱀은 징그러운 파충류라는 생각 때문일 수도 있고, 이것은 성경의 창세기에 나와있듯이 악의 상징이라 믿기 때문일까요? 그러나 선입견이 없는 아이들은 다릅니다. 뱀을 길게 연결해서 몽땅 차지하면 세상을 다 얻은 것처럼 해맑게 웃습니다. 행운찬스와 기다림의 순간, 이것이 바로 보드게임의 묘미이지요.

## 2. 게임 방법

승리요건: 각 플레이어가 손에 쥔 카드를 모두 사용하는 순간 게임은 즉시 끝나고, 카드를 가장 많이 그리고 가장 길게 연결한 사람이 게임의 승리자가 됩니다.

순서와 규칙: 다양한 컬러 색으로 꾸며진 뱀 모양의 50장의 카드를 사용하여 아름다운 뱀, 서펜티나를 만드는 게임입니다. 유아들이 같은 색의

카드를 하나 둘 찾아 연결하면서 색에 대한 인지력을 향상시킬 수 있습니다. 이 카드에는 머리와 몸통, 그리고 꼬리가 각각 그려져 있습니다.

부채꼴 모양의 카드더미를 만들어 덮어 놓고, 한 장을 뽑아 놓습니다. 플레이어가 돌아가며 카드를 한 장씩 뽑아 연결되는 색으로 그림을 하나하나 붙여 나갑니다. 하지만 이어지는 색이 없다면 바닥에 따로 놓습니다. 2~3장의 카드가 매치 되면 서서히 뱀의 모습이 갖추어지기 시작합니다. 머리와 몸통 그리고 꼬리 연결이 완성되면, 마지막으로 완성된 뱀을 연결한 사람이 카드를 통째로 가져갑니다. 특히, 이 보드게임에는 찬스카드가 있어 '무지개색'의 머리와 꼬리 모양의 뱀 카드가 있으며, 이것으로 어떤 색이든 붙일 수가 있지요.

♣동영상추천: https://youtu.be/KhIA5q0UFeg

## 3. 교육 연계활동

서펜티나와 같이 색깔과 모양을 인식하여 연결하는 게임은 유아들에게 매우 유익한 학습이 될 수 있습니다. 세상의 물건들을 조각내어 전체 한 이미지로 재 통합시키는 과정은 아이들에게 이미지의 결합이라는 인식을 심어줍니다. 그리고 이 형태의 가장 대표적인 게임이 직소퍼즐(jigsaw puzzle)입니다. 이것은 작고, 각기 다른 문양의 여러 조각들을 조립한 것으로 각 조각들은 대개 어떤 그림의 부분을 나타냅니다. 그래서 완성된 후에 조각난 직소퍼즐은 전체 그림을 나타내지요. 어떤 종류의 직소퍼즐은 야광처리를 해서 밤에 광학적인 환상을 보여주는 것도 있어요. 직소퍼즐의 명칭은 종이카드가 나오기 오래전에 나무 판 위에 그림을 그린 후 실톱(jigsaw)으로 잘라내어 조각 퍼즐을 만들었다는 것에서 유래합니다.

[숫자와 모양의 직소퍼즐]

[출처: 1,2,3 숫자퍼즐]

직소퍼즐은 난이도에 따라 쉬운 것부터 매우 어려운 것까지 다양합니다. 어릴 적부터 직소 퍼즐을 많이 해본 아이들은 색과 모양의 차이에 민감합니다. 성격이 차분하지 못한 아이라면 가만히 앉아 있기란 매우 어려울 것입니다. 그래서 너무 난이도가 높은 것을 하기보다는 쉽고 다양한 직소퍼즐을 여러 번 반복하면서 진행하는 것이 좋습니다. 반면에 성격이 차분하고 꼼꼼한 아이에게는 난이도의 레벨을 점차 올리면서 아이의 집중력과 관찰력을 높여줍니다. 그림의 부분보다는 그림 전체를 인식하면서 그림 속의 세세한 모습을 기억할 수 있도록 지도합니다. 마치 눈으로 사진을 찍듯이 그림을 보지 않고도 자세히 설명할 수 있도록 연습하면 매우 훌륭한 기억 연상이 될 것입니다.

[고급 레벨의 직소퍼즐]

www.jigsaw-puzzle-club.co.uk

## 4. 발달장애 및 학습부진 아동교육

그림 맞추기는 인지발달 장애를 갖고 있는 아이들에게 매우 필요한 훈련입니다. 모양과 색깔 그리고 전체적인 구성을 이해하는 것은 사물 인식의 가장 기본이 됩니다. 그래서 아이의 수준에 알맞은 직소퍼즐을 선택하여 수준별로 지도해야 합니다. 어른들에게는 매우 쉬어 보일지 몰라도 사물 인식과 인지력이 부족한 아이들에게는 맞춰나가는 것이 힘든 과정일 수 있습니다. 또한 아이들에게는 이것이 결코 강제적이거나 부담스러운 놀이가 되어서는 안됩니다.

보드게임 [서펜티나]는 직소퍼즐처럼 단순히 색깔과 모양을 맞추는 것이 아니라, 마지막에 모양과 색깔을 맞춘 사람이 해당 카드를 전부 가져갈 수 있습니다. 이 게임은 아이의 조합력이나 인지능력보다는 카드의 행운 요소가 많기 때문에 부모들이나 교사들은 아이들에게 기회를 먼저 주고, 카드를 다 가져갈 수 있도록 양보하는 것도 좋습니다. 아이가 기뻐하면서 모양과 색깔의 관찰력을 키워나가고, 점차 아이들이 관심 갖는 모양의 직소퍼즐로 그림 맞추기를 확대해 나가는 것이 좋겠습니다.

[ 순발력 ]

# 1-3. 스티키스틱스 (Sticky Stickz)

## 1. 게임 키워드 - 정신 바짝 차려!

후다닥 해치우며 정신 없이 진행해야 하는 게임이 있습니다. 너무나도 순식간에 일이 벌어져서 초 집중력을 발휘해야 겨우 점수를 얻지요. [스티키스틱스]는 바로 이런 게임입니다. 세 개의 다른 주사위가 굴려지자마자 숫자, 색깔, 표정의 공통점을 찾고, 이에 해당되는 타일을 스틱으로 재빨리 찍어와야 하지요.

아이들이 부모와 같이 생활하면서 정신을 바짝 차려야 할 때가 언제일까요? 찻길을 건널 때, 혹은 뜨거운 물을 옮길 때 등 위험한 상황에서는 초 집중을 해야 하지요. 그러나 아이들은 평상시에 긴장감을 모르고 살아갑니다. 긴장이란 정신을 바짝 깨워야 하는 상태를 말합니다. 긴장을 풀어야 할 때도 있지만, 경쟁에서 지거나 실수하지 않도록 긴장을 조여야 할 때도 있지요.

## 2. 게임 방법

**승리요건:** 이 게임의 핵심은 빠른 속도로 정확하게 사물을 인식하는 것입니다. 주사위를 굴려 색깔, 숫자, 표정이 알맞은 타일을 찍어 빈칸이 5개 이상 생기면 게임이 종료되고, 이때 가장 많은 타일을 얻은 플레이어가 승리합니다.

**순서와 규칙:** 타일을 게임박스 안 13개의 칸에 골고루 배치합니다. 조커 타일을 맨 위에 배치하지 않고 타일 사이에 집어 넣습니다. 각 타일의 앞뒤에는 같은 표징의 그림이 그려져 있으며 난이도에 따라 선택할 수 있습니다. 각자 한 개의 막대기(stick)를 손에 쥐고 게임을 시작합니다.

상자 안에 주사위 3개를 동시에 굴리면서 부모와 아이의 흥분 절정의 게임은 시작됩니다. 숫자, 색깔 그리고 얼굴 모양이 함께 그려진 타일을

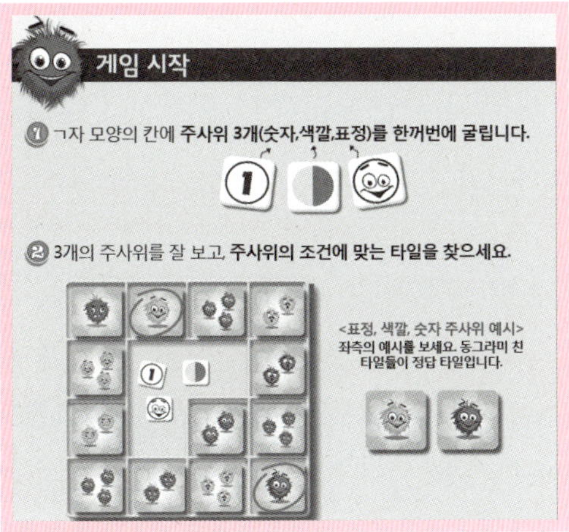


출처: http://www.happybaobab.com

♣동영상추천: https://youtu.be/HX6t0XLuaVw

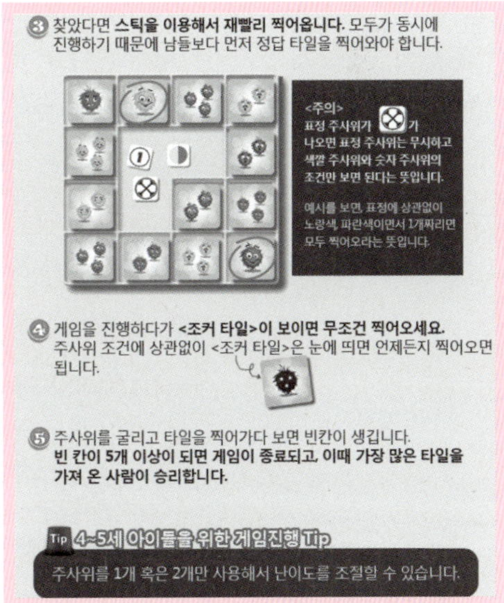

재빨리 찾아 스틱으로 찍어 옵니다. 또한 검정색 조커 타일은 눈에 보이자 마자 찍어 옵니다. 아이의 나이나 수준에 맞추기 위해서는 주사위를 한 개 혹은 두 개만 굴려서 게임을 진행해도 좋습니다.

## 3. 교육 연계활동

본래 순발력이란 근육이 순간적으로 빨리 수축하면서 동작을 만들어내는 힘을 말합니다. 예를 들어, 가만히 서 있다가 갑자기 온몸에 힘을 주어 멀리 뛰거나 높이 뛸 때 필요한 운동성을 말하지요. 그런데 [스티키 스틱스] 보드게임에서 말하는 순발력이란 숫자, 색깔 그리고 모양을 인식한 후에 재빠른 동작을 취할 수 있는 능력을 말하지요.

중요한 것은 재빠른 동작보다는 세 개의 주사위를 동시에 던졌을 때 공통으로 해당되는 타일을 찾아 내는 것입니다. 이것은 어른들도 아이들보다 빨리 찾아내란 법은 없지요. 그만큼 집중력과 빠른 인식능력이 필요합니다. 이 게임의 주사위처럼 세상의 바탕은 기본적으로 숫자와 색깔 그리고 모양에 따라 나뉘어 집니다. 어릴 적부터 세상에 호기심을 갖고 바라보는 아이들에게는 이 세상이 바로 이 세 가지로 이루어진 것처럼 보이겠지요. 어린 아이들에게 어른들이 사용하는 언어나 글자는 일정한 규칙의 모양이라고 생각될 것입니다. 특히 아이들은 한자를 글자라기 보다는 특이하게 생긴 그림이라고 생각하지요.

그래서 유아기 아이들에게 중요한 교육 중에 하나가 다양한 색깔로 구성된 숫자놀이와 모양놀이를 반복하는 것입니다. 처음에는 단순하게 숫자나 도형을 끼워 맞추는 놀이를 진행합니다. 그러면서 숫자의 이름과 도형의 이름(원과 다각형)을 차례대로 말해 주지요. 그 다음 단계로 아이와 두 개 이상 빨리 찾기 놀이를 합니다. 예를 들어 다음 숫자와 도형을 앞에 놓고, 숫자 3과 삼각형을 동시에 찾거나, 숫자 5와 오각형을 동시에 찾는 것이지요.

[숫자, 도형 끼워 맞추기 놀이]

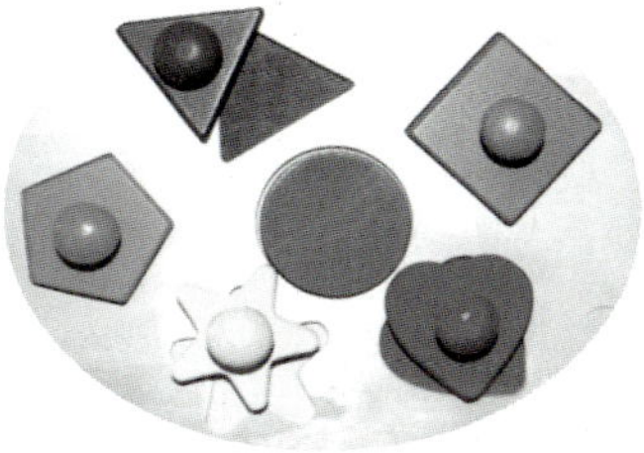

그런데 [스티키스틱스]처럼 빠르게 숫자, 색깔, 모양(글자)을 동시에 인식하는 것은 과연 어떤 교육적 효과가 있을까요? 이것은 정보를 빨리 처리할 수 있는 능력뿐만 아니라, 책의 내용을 이해하면서도 빨리 읽는 **속독법(Speed reading)에 유익한 훈련**이 될 수 있지요. 특히 속독법은 요즘 급속도로 변화하는 세상에서 현대인들에게 지식을 많이 그리고 빠르게 습득하는 데 필요한 기술입니다. 똑같은 시간을 들이고도 엄청난 지식 습득의 차이를 만들지요. 보통사람들은 대개 1분에 400~800자 정도를 읽고 이해한다고 합니다. 그런데 속독법을 개발하면 최대 2100자까지 독서능력을 갖게 되는데, 그 원리는 한 마디로 인간의 눈과 두뇌의 잠재능력 개발이지요. 시지각능력(Visual perceptual ability)과 뇌 기능의 활성화를 통해 인간의 뇌세포 중에서 지금까지 사용하지 않던 뇌 세포에 자극을 주어 새로운 회로를 형성하고, 많은 정보를 빠른 시간 내에 처리하는 능력입니다. 두뇌가 아직 발달과정인 아이들에게 **순발력을 통해 시지각능력을 키워주는 것**은 매우 중요한 놀이임에 틀림없습니다.

## 4. 발달장애 및 학습부진 아동교육

어린 아이들이 숫자나 모양을 '정확하게' 인지하는 능력도 중요하지만 '빠르게' 판단하고 처리하는 능력 또한 중요합니다. 아이들마다 문제 처리속도는 크게 차이가 나는데, 발달장애나 학습부진 아동은 그 속도가 매우 느립니다. 그래서 한숨을 짓고 답답해하는 부모들도 많지요. 자녀 교육에서 문제는 항상 아이들의 입장이 아니라, 부모의 시선과 기준으로 현상을 바라본다는 점입니다.

문제처리 속도가 늦는 것은 아이가 단지 순발력이나 인지력이 부족해서만은 아닐 것입니다. 바로 아이의 기질에 따라 순한 아이와 성급한 아이 혹은 느린 아이 등으로 그 속도가 차이가 납니다. 순한 아이는 이미 알고 있더라도 빨리 판단하지 않는 성향이 있고, 성급한 아이는 자세히 보지도 않고 무턱대고 덤벼들 것입니다. 그리고 느린 아이는 자신감이 떨어져 무서운 부모나 교사로부터 자신을 보호하기 위해 더욱 움츠려 들 것입니다. 이런 아이들에는 부모들이 각각의 기질을 이해함으로써 다그치고 압박하기 보다는 아이가 이 보드게임을 통해 여유를 갖고 즐기면서 놀 수 있도록 격려해주는 것이 매우 중요합니다. 인지 능력이 부족한 아이들이 숫자와 모양 그리고 색깔을 자연스럽고 즐겁게 익힌다면 그것으로도 충분합니다. 숫자의 연산이나 다각형의 개념을 이해시키는 것은 한참 후에나 가능한 일입니다.

어린 아이들이 가베(Gabe)나 오르다(Orda) 교구 등을 사용하여 도형과 공간 인식능력을 꾸준히 익힐 수 있도록 도와주어야 하겠습니다. 특히 가베는 점, 선, 면, 입체로 구성된 조각을 이용하여 다양한 모양을 만드는 놀이인데, 아이들이 자신의 생각과 상상한 것을 구체화하고 시각화하는 표현의 도구이므로 감각과 정서적인 발달이 함께 필요한 발달장애아에게 도움이 될 수 있습니다.

[가베놀이 교구]

[ 비교력 ]

# 1-4. 도블(Dobble)

## 1. 게임 키워드 - 급할수록 천천히!

우리 옛말에도 "급할수록 돌아가라!"라는 말이 있지요. 긴장하고 집중하는 것까지는 좋은데, 정작 카드의 문양이 눈에 제대로 보이지 않는다면 게임에서 승리할 수 없지요. [도블]은 두 장의 카드를 비교해서 16개의 그림 중에 공통된 것을 재빨리 찾아야 하는 게임입니다.

흥분하고 서두르면 문양이 좀처럼 눈에 들어오지 않습니다. 급할수록 오히려 마음가짐을 차분히 가져야만 공통된 이미지가 보입니다. 급한 상황에서도 차분하게 마음을 조절해야 한다는 것을 아이들도 언젠가는 터득하겠지요.

## 2. 게임 방법

**승리요건:** 2장의 카드를 동시에 비교하여 공통점을 찾아 이름을 외치고 카드를 덮어놓거나 가져갑니다. 이것을 반복하여 아래 제시된 미니게임에서 가장 많이 이긴 사람이 승리합니다.

**순서와 규칙:** 도블은 프랑스의 아스모데(Asmodee) 사에서 개발한 매우 대중적인 가족용 게임입니다. 이 게임에서 중요한 것은 2장의 카드에서 같은 그림을 빨리 찾는 것입니다. 카드에 그려진 그림의 종류는 느낌표, 눈송이, 광대, 높은음자리표, 고양이, 과녁, 공룡, 얼룩, 드래곤, 단풍잎, 입술, 얼음, 전구 등이 함께 그려져 있고 크기는 각각 다릅니다. 특이하게도 카드의 어떤 두 장을 비교해도 같은 그림은 딱 1개 있습니다.

도블의 미니게임에는 다음 5가지 방식이 있습니다.

❶ 얼른 가져! - 모두에게 한 장씩 뒤집어서 나눠주고, 남은 카드더미는 그림이 보이게 하고 중앙에 놓습니다. 내 카드와 중앙의 카드를 비교하여 같은 그림을 찾아 이름을 외칩니다. 중앙의 카드가 없어지면 게임이 끝나고 가장 많은 카드를 확보한 사람이 이깁니다.

❷ 얼른 버려! - 카드를 한 장씩 나눠주고 남은 카드를 중앙에 놓습니다. 내 카드와 중앙의 카드를 비교하여 얼른 중앙에 버립니다. 이제, 중앙의 카드가 바뀌고 게임은 반복되며, 본인의 모든 카드를 빨리 버린 사람이 승리합니다.

❸ 친구야 미안! - 각자 1장씩 카드를 나눠 갖고 남은 카드는 중앙에 놓습니다. 친구들의 카드와 중앙의 카드를 비교하고 같은 그림을 찾아, 중앙의 카드를 해당 친구의 카드 위에 올려 놓습니다. 중앙의 카

드가 없어지면 게임이 끝나고 그때 가장 적은 카드를 지닌 사람이 승리합니다.

❹ 다 내꺼야! - 중앙에 카드를 그림이 보이도록 1장 놓습니다. 인원 수에 맞게 카드를 나눠 갖고 뒤집어 놓습니다. 동시에 중앙 카드와 같은 그림을 찾고 남의 카드를 가져오며 반복합니다. 이때 중앙의 카드는 가져와서는 안되며, 가장 많은 카드를 가져온 사람이 승리합니다. 그리고 다음 라운드를 같은 방식으로 진행합니다.

❺ 앗 뜨거! – 자기 손위에 카드 1장씩 올려 놓습니다. 자기 카드와 옆 사람의 카드를 비교하고 찾아서 마치 뜨거운 감자처럼 카드를 상대방에게 넘깁니다. 이를 반복하여 가장 적은 카드를 가진 사람이 승리합니다.

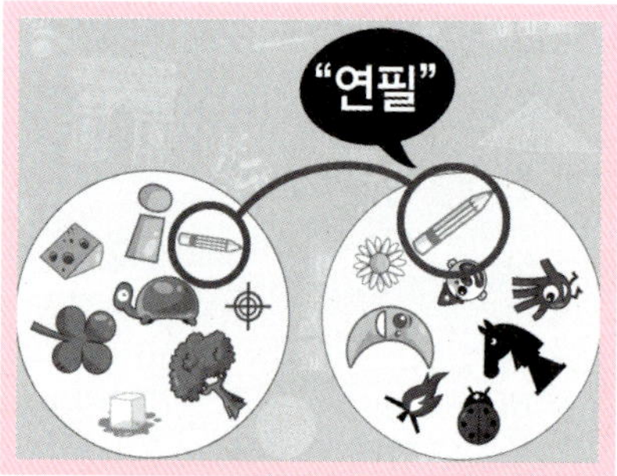


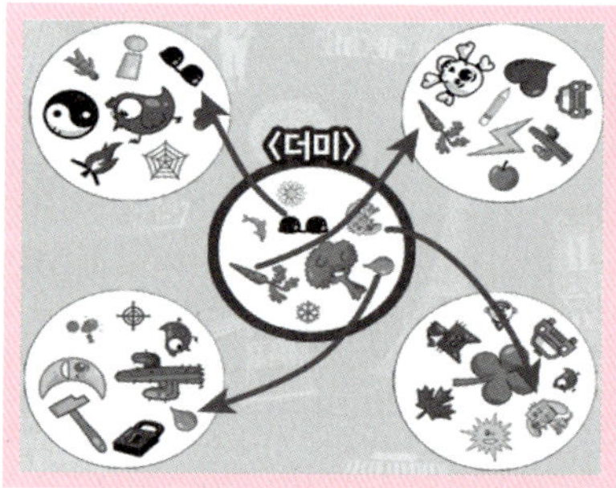


출처: http://www.happybaobab.com
♣동영상추천: https://youtu.be/xozXIFe0KBA(홍보동영상) / https://youtu.be/DUsijabzvIs

## 3. 교육 연계활동

비교(Comparison)는 둘 이상의 사물을 견주어 공통점을 찾는 일이며, 이에 반하여 대조(Contrast)란 서로의 차이점을 찾는 일입니다. 비교나 대조를 잘하기 위해서는 비슷하게 생긴 둘 이상의 대상을 집중력을 바탕으로 자세히 관찰해야 합니다. 그런데 학습과정에서 이런 차이점이나 공통점을 찾는 것은 왜 필요할까요?

우선 처음 보거나 낯선 대상에서 자신이 잘 알고 있는 것과 공통점을 찾다 보면 그것이 가진 속성을 좀 더 쉽고 올바른 판단을 할 수 있습니다. 또한 낯선 물체나 현상에 관하여 논리적인 근거를 통하여 잘 설명하고 결국 어떤 주장이나 예측을 이끌어 낼 수 있지요. 비교와 대조를 통하여 공통점이나 차이점을 찾는 연습은 단지 그림뿐만 아니라, 스포츠나 생활방식, 혹은 문화와 같은 추상적인 것까지 확대될 수 있습니다. 이러한 관찰 연습은 학습에 근본이 될 뿐만 아니라, 아이가 사물의 공통점과 차이점을 인식함으로써 향후 창의적인 생각까지 이끌어 낼 수 있는 훌륭한 '생각 도구'입니다.

우선 유아들에게 유익한 비교와 대조의 연습도구로써, '틀린그림찾기'도 또한 매우 유용한 학습 도구입니다. 이것은 특히 아이들의 집중력과 관찰력을 기를 수 있도록 도움을 줍니다. 예전에는 [틀린그림찾기]가 책으로 편집되거나 교구로 출판되어 나왔지만, 요즘에는 스마트폰의 [매직 틀린그림찾기]나 [디즈니 틀린그림찾기]와 같은 어플도 아이들의 관찰력에 따라 레벨업을 할 수 있어 유용한 도구입니다. 처음에는 무료이지만, 단계가 오를수록 비용을 내야 하는 부담감이 있지요. 틀린그림찾기나 숨은그림찾기 책을 직접 구입하는 것도 좋습니다.

틀린그림찾기, 숨은그림찾기 등을 통하여 성격이 급한 아이에게는 차분하게 그림을 관찰할 수 있는 기회를 주고, 너무 느릿한 아이는 시간압박(Time pressure)을 주어서 약간의 긴장감을 갖도록 하는 것이 좋습니다. 그러나 시간압박은 겁이 많거나 소심한 아이에게는 오히려 공포심을 줄 수 있으므로 아이의 기질에 맞도록 사용해야 합니다.

**[디즈니, 피카소 틀린그림찾기]**

## 4. 발달장애 및 학습부진 아동교육

두 개의 그림을 놓고 서로 다른 점을 찾는 것은 매우 깊은 관찰력을 필요로 합니다. 대인 공감력과 언어발달이 늦은 아이라 할지라도 이것을 빨리 찾아내는 아이들이 있습니다. 아스퍼거 성향(Asperger Syndrome)을 갖고 있는 이런 아이들의 능력은 일반아이의 틀린그림찾기 실력보다 높은 경향을 보입니다. 시간이 지난 후 그림에 대한 기억력도 비교적 좋지요. [도블]과 같은 보드게임도 꽤 잘합니다.

패트리샤 하울린(Patricia Howlin)은 그녀의 저서[2]에서 자폐나 아스퍼거 성향을 가진 아이들은 사물을 인지하거나 기억할 때 주로 그림정보로 시각화하여 기억한다고 주장합니다. 아마도 이런 성향으로 인해 기억을 좀 더 정확하고 오랫동안 할 수 있으리라 생각됩니다. 비록 여러분의 아이나 학생이 발달장애를 겪고 있다 할지라도 분명 일반 아이들보다는 강점을 갖고 있는 부분이 있을 것입니다. 학습이 부진하다고 판명되는 아이도 마찬가지입니다. 어떤 아이는 눈으로 책을 읽는 것보다 귀로 듣는 것을 좋아하고, 어떤 아이는 매우 활달하여 이리저리 몸을 움직이며 체득하는 것을 좋아하는 아이도 있습니다. 또한 정적인 책보다는 동적인 만화 이미지나 영상을 통해 공부하는 것을 좋아하는 아이도 많지요. 결국 중요한 것은 **아이에게 알맞은 학습법과 관심거리**를 부모나 교사가 정확하게 찾아주어야 한다는 것입니다. 아이가 공부를 못한다는 이유로 일찍부터 무조건 학습부적응아로 판단하는 것은 매우 위험한 생각입니다. 우리에게 잘 알려진 책, '바보빅터'[3]는 바로 그런 오해로 인해 고통받았던 한 천재의 실화입니다. 자녀의 잠재력을 믿는 부모는 이 책을 꼭 읽어 보시길 바랍니다.

---

2) 패트리샤 하울린(Patricia Howlin)(2002). *자폐증과 아스퍼거증후군 아동*. 시그마프레스

3) 호아킴 데 포사다. 레이먼드 조(2011). *바보 빅터(17년 동안 바보로 살았던 멘사 회장의 이야기)*. 한국경제신문

[ 기억력 ]

# 1-5. 치킨차차 (Chicken Cha Cha)

## 1. 게임 키워드 - 너의 꽁지를 가져갈게!

이 게임은 닭들이 쫓고 쫓기는 달리기 경쟁을 통해 진행됩니다. 바닥에 놓인 그림의 순서를 잘 외웠다면 자신의 닭을 움직이면서 친구들의 닭 꼬리를 빼앗아 재미를 얻지만, 만일 외우지 못하고 허둥거린다면 결국 자신의 소중한 닭 꼬리를 빼앗기게 됩니다. 어린 아이들은 자신의 닭꼬리를 빼앗겼을 때 결국 울음보가 터짐으로 부모들은 예의주시해야 합니다.

게임이란 자신이 잘할 때는 승리하지만, 자신보다 상대가 더욱 잘 할 때에는 패배의 쓴맛을 느끼지요. 자신이 아끼는 소중한 캐릭터를 잃어버린다는 느낌은 아이들에게 매우 큰 상실감을 줄 수 있습니다. 닭들의 이동을 통해 아이들은 경쟁이 무엇인지 알게 되고, 자신이 점점 쫓아가거나 쫓기는 상황에서 아이 성격의 진면목이 나오게 되지요. 물론 자상한 부모라면 아이의 닭꼬리 보물을 빼앗는 것보다는 아이에게 일부러 빼앗겨서 슬퍼하는 장난끼 있는 모습이 더욱 좋을 것입니다.

## 2. 게임 방법

**승리요건:** 타일의 각 그림과 위치를 잘 기억해서 다른 플레이어의 꽁지를 모두 빼앗아 오면 승리합니다.

**순서와 규칙:** 우선 가운데에 팔각형 모양의 타일(12개)을 뒤집어서 정렬해 놓고, 달걀 모양의 타일(24개)을 밖으로 원을 그리듯 놓습니다. 팔각형 타일의 그림은 달걀모양의 타일과 동일하며, 달걀모양이 원을 둘러싸아야 하기에 두 배로 많습니다.

각자 플레이어들이 원하는 색의 닭을 선택하고 달걀 모양의 타일 위에 일정 간격으로 놓습니다. 자기 차례가 오면 자기 닭의 바로 앞에 있는 똑같은 타일을 팔각형 타일에서 찾아냅니다. 맞으면 앞으로 한 칸 이동하고, 틀리면 제자리에 멈추고 다음 사람에게 차례가 넘어 갑니다. 팔각형 모양의 그림을 완전히 암기했다면 자신의 앞에 있는 달걀그림을 손쉽게 건너갈 수 있지요. 계속 전진하다 보면 다른 플레이어의 꽁지를 빼앗아 자신의 닭에 꽂고 뛰어 넘어갈 수 있지요.

**01** 게임 준비하기

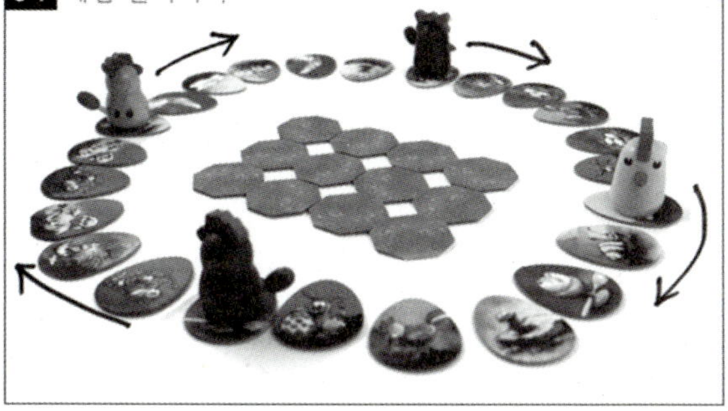

- 가운데에 팔각형 모양의 타일들을 뒤집어 놓고, 달걀 모양 타일들을 그 밖으로 둥그렇게 놓습니다.
- 원하는 색의 닭을 선택하고 달걀 모양 타일 위에 똑같은 간격으로 떨어뜨려 놓습니다.
- 자기차례에는 타일을 한 개씩만 뒤집을 수 있습니다.

**02** 게임 시작하기

자기 차례가 오면 자기 닭 말의 바로 앞 타일과 똑같은 그림의 타일을 가운데 팔각형 타일에서 찾아냅니다. 맞으면 앞으로 한 칸 이동할 수 있고, 틀리면 제자리에 멈추고 다음 사람에게 차례가 넘어갑니다.

**03**

뛰어난 기억력으로 전진하다보면, 자신의 앞에 있는 다른 플레이어와 꽁지를 뽑아 자신의 닭에 꽂은 다음 뛰어넘을 수 있습니다.

**04** 게임 종료

다른 플레이어들을 모두 앞질러서 모든 꽁지를 빼앗아 오면 게임에서 승리합니다.

출처: 코리안보드게임즈(http://www.koreaboardgames.com)

♣동영상추천: https://youtu.be/kQWKKrb9dGw QR 코드 붙임

## 3. 교육 연계활동

이 게임의 승리요건은 팔각형 타일 그림과 위치를 잘 암기해 두어서 계속 전진해 나가는 것입니다. 그렇다면 어떻게 해야 그림이나 이미지를 잘 기억할 수 있을까요? 기억력이란 과연 어떻게 해야 향상될 수 있을까요?

기억이란 어떤 자극을 느끼거나 학습한 내용을 머릿속에 저장해 두었다가 시간이 지난 후에도 그 정보를 다시 상기할 수 있는 기능을 말하지요. 기억에는 단기기억과 장기기억 방식이 있는데, [치킨차차]와 같은 보드게임의 그림을 모두 기억하고 그 위치를 정확하게 찾아내기 위해서는 **'스토리텔링' 형태의 단기기억 방식**이 유용합니다. 수초의 짧은 시간 동안 눈으로 보거나 귀로 들은 내용을 두뇌 속에 기억하기 위해서는 정보내용의 조직화(organization)와 부호화(coding) 과정을 거쳐야 하는데, '스토리텔링' 방식은 이를 용이하게 만들어 줍니다.

**[치킨차차의 스토리텔링]**

[치킨차차]의 예를 들어 설명하면, 각 12개의 서로 다른 그림들을 우선 하나의 이야기로 구성하고 통합하는 것입니다. 그림에는 무지개색 애벌

레, 달팽이, 컵 달걀, 부활절 토끼, 깃털, 달걀 프라이 등의 8가지 그림이 나와있고, 이를 하나의 스토리로 연결하여 조직화하고, 이미지를 이야기라는 방식으로 전환하는 것을 말합니다. 그리고 나서 각각의 이미지와 위치를 단기기억 속으로 저장한 후 게임을 실행하는 것입니다.

본래 스토리텔링이란 '스토리(story)와 텔링(telling)'의 합성어로서, 사람들에게 전달하고자 하는 바를 텍스트나 그림의 시각적 부호나 음성 등의 청각적 형식 등을 빌려 재미있고 생생한 이야기로 만들어주는 것을 의미합니다. 특히 스토리텔링 방식은 학교 교육에서도 학생들의 동기유발 측면이나 이야기를 통한 학습 이해 향상을 목적으로 다양하게 적용되고 있지요. 국어나 사회과목은 물론 과학과 수학과목에서도 스토리텔링 방식을 도입하여 학생들에게 과학과 수학 개념을 이해시키고, 실생활에 적용할 수 있노독 돕고 있습니다.

아래 화면은 닭과 애벌레, 토끼 그리고 생쥐의 모습을 함께 찍은 사진입니다. 아이들에게 동화책을 읽어주면서도 부모가 꼭 명심해야 할 점은 아이가 소리 내어 읽고 끝내는 것이 아니라, 읽은 내용을 다시 기억할 수 있도록 도와주어야 한다는 것입니다. 책의 내용을 제대로 이해했는지 확인하기 위해, **아이가 자신의 언어 수준에 알맞게 설명해보도록 유도하는 것**이 매우 중요합니다. 단순히 테스트를 하거나, 아이가 퀴즈를 맞추느냐 혹은 틀리느냐의 문제가 아니라, 책과 스토리 내용 전체를 어떻게 이해했는지 확인하는 과정을 통해 아이의 기억력을 향상시켜 줄 수 있습니다.

[기억력 향상을 위한 스토리텔링]

## 4. 발달장애 및 학습부진 아동교육

학습 인지력이나 언어 구사능력 등이 부족한 전반적 발달장애 아이들에게 스토리텔링은 매우 어려운 과제입니다. 상상력을 통해 이야기를 구성하는 것도 쉽지 않겠지만, 이것을 언어로 표현한다는 것은 성인들도 마찬가지로 어렵습니다. 아이가 책을 다 읽은 후에 그 내용을 물어보면 전혀 모르거나 엉뚱한 대답을 하기 일쑤입니다. 그럴 때마다 부모들의 한숨 소리는 더 커지게 마련입니다.

스토리텔링, 즉 이야기를 구성하여 기억력을 높인다는 발상은 매우 훌륭하지만, 이것이 모든 아이들에게 통하는 것은 아니지요. 이를 성공하기 위해서는 부모나 교사의 인내가 필요하며, 아이의 수준에 적합한 방식으로 접근해야 합니다. 특히 아이가 책을 읽는 것을 싫어하거나, 퀴즈에 부담을 갖는 경우라면 더욱 어렵습니다. 아이가 이럴 경우에는 아이와 함께 그림을 그려 가면서 관련된 이야기를 설명하거나 [치킨차차]와 같은 보드게임 이미지와 기물을 이용하여 장난하듯 이야기를 새롭게 만들어내는 것이 좋겠습니다. 비록 아이의 스토리가 논리에 맞지 않고, 엉뚱하더라도 부모는 재미있고 신기한 듯 맞장구 쳐주는 것이 매우 중요한 시작일 것입니다.

아이들의 언어표현력을 길러주기 위해서 거실이나 방에 칠판(whiteboard)을 놓아 사용할 수 있도록 해주시길 바랍니다. 물론 스케치북에 그림이나 선을 그리면서 설명하도록 유도하는 것도 좋지만, 부모나 친구들 앞에서 발표하는 습관을 갖도록 하면, 아이는 남들 앞에서 점차 자신감을 갖게 되고 설명이나 발표능력이 향상될 수 있기 때문입니다. 발표 능력은 일반적인 아이들도 마찬가지로 향후, 모임이나 직장생활에서 매우 중요한 기술입니다. 학교나 사회에서 지식이 머릿속에만 있고 **남들에게 표현할 능력이 없다면 매우 부족한 사람으로 오해 받을 수** 있지요.

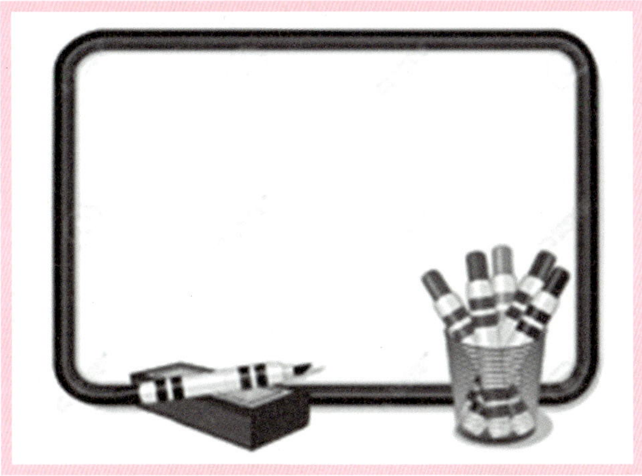

출처: www.123rf.com

[ 한글 단어조합 ]

# 1-6. 라온(Raon)

## 1. 게임 키워드 - 즐거운 한글 놀이

부모들도 어릴 적에는 '끝말잇기'게임을 해 보았을 것입니다. 말 놀이 중에 하나인 이 게임은 보통 첫 사람이 낱말을 제시하면 다른 사람은 그 낱말의 마지막 글자로 시작되는 단어를 만들어 내고 이를 번갈아 하다가 단어를 제때에 대지 못하면 지게 됩니다. 끝말잇기 게임에서는 보통 합의 하에 두음법칙(녀자→여자 등)과 자음접변(국물→궁물 등) 그리고 외래어가 된 단어(버스, 컴퓨터, 피아노 등)을 인정하지요. 한 단어 명사만 사용할 수 있고, 합성어나 동사, 형용사 등은 인정하지 않습니다. 물론 어린 아이들은 규칙없이 제멋대로 하겠지요.

아이들은 끝말잇기를 통하여 서로 상관없는 단어들을 확장해 나갑니다. 비록 의미나 주제 연결에는 도움이 되지 않겠지만, 이 방법은 글자를 익히는 데는 효과가 있습니다. 보드게임 라온의 가장 큰 특징은 아래와 같이 모음 타일 ㅏ, ㅑ, ㅣ 로 한글의 모든 모음표현(기본 모음 10개와 복합모음 11개)을 가능하도록 만들었으며 한글 글자의 게임화를 심플하게 명료화 시켰다는 점에서 큰 의미가 있지요.

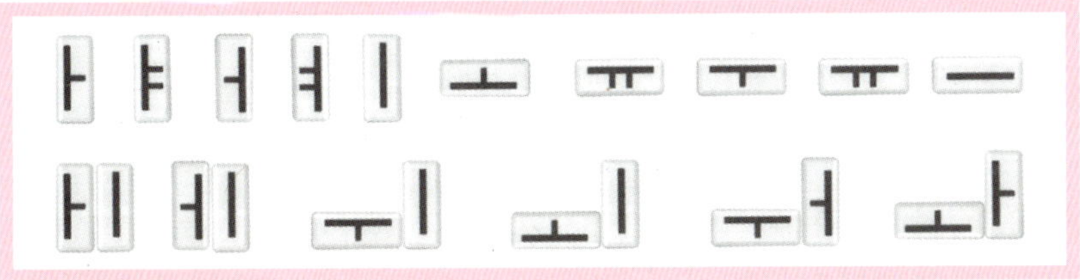

## 2. 게임 방법

**승리요건:** 2~4명이 동시에 참여할 수 있는 게임방식으로 한글자음과 모음 타일을 이용하여 상대보다 가장 많은 단어를 조합하거나, 긴 단어를 만들어 높은 숫자를 외치는 사람이 승리합니다.

**순서와 규칙:** 우선 첫 번째 방식으로 라온의 한글 낱말게임은 모래시계를 세워놓고 모래가 다 떨어질 때까지 각각의 자음과 모음타일을 이용하여 가장 많은 단어를 만드는 게임입니다. 먼저 자음타일 11개와 모음타일 9개를 나누어 갖습니다. 약 3분 동안 자신이 갖고 있는 타일들을 이용하여 가로세로 연결하여 단어를 만들어 냅니다. 단어점수는 글자수

가 많을수록 높아지고, 20개 타일을 전부 사용해서 단어를 연결했다면 추가점수를 받습니다.

두 번째 방식으로는 바닥에 놓여있는 타일들을 눈으로만 보고, 가장 많은 타일을 사용하여 단어를 조합하는 것입니다. 무작위로 자음타일 14개를 각각 7개씩 2줄로 세우고, 모음타일 10개를 각각 5개씩 2줄로 세워 총 4줄로 정렬시킵니다. 모래시계를 뒤집어 바닥에 놓은 타일들을 눈으로만 보고 단어를 만듭니다. 그리고 자신이 생각한 단어에 쓰인 자음과 모음의 개수를 외칩니다. 제일 높은 숫자를 외친 사람부터 타일을 가져와 자신이 생각한 단어를 만들어 보여줍니다. 만일 증명에 실패했다면 다음으로 높은 숫자를 외친 사람이 단어를 만들어 봅니다. 단어를 만드는 데 성공했다면, 사용한 타일을 모두 가져옵니다. 가져온 타일은 1개당 점수 1점으로 계산합니다. 바닥에 다시 타일을 깔고 게임을 진행하다가 25점을 먼저 얻은 사람이 승리합니다.

**01** 많은 단어를 조합하라!

모래시계의 모래가 다 떨어질 때까지 가장 많은 단어를 만들어요.

**02** 높은 숫자를 먼저 외쳐라!

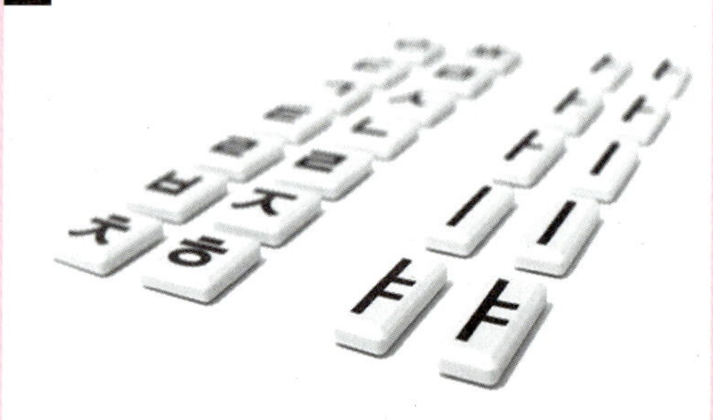

바닥에 놓여 있는 타일들을 눈으로만 보고, 가장 많은 타일을 사용해 단어를 조합해야 해요.

출처: 코리안보드게임즈(http://www.koreaboardgames.com)
♣동영상추천: https://youtu.be/WJAvA2I4lwo(part 1) / https://youtu.be/69BROc3wyhQ(part 2)

## 3. 교육 연계활동

대다수의 아기들은 태어난 지 겨우 3년 만에 봇물 터지듯 쉽게 말을 할 수 있습니다. 첫 단어를 말하고, 주위 사물의 이름을 하나씩 말하기 시작하다가 어느 순간부터 어휘 배우는 속도가 폭발적으로 빨라지지요. 언어학자인 노암 촘스키(Noam Chomsky)는 주장하기를 세계의 모든 어린 아기들은 보편적으로 언어습득장치(Language Acquisition Device) 를 가지고 태어나기 때문에 아기가 적절한 환경에서 성장하기만 한다면, 언어습득은 유전적으로 혹은 자동적으로 이루어진다고 말합니다.[4)]

[노암 촘스키, Noam Chomsky]

출처: synchronicityandsubculture.com

그런데 받아쓰기를 시작하는 유치원 아이들에게 있어 글자를 '읽는 것'과 글자를 '쓰는 것'은 매우 다르지요. 우리 한글에는 다양한 발음법칙에 따라(두음법칙, 구개음화, 자음접변 등) 실제로 읽는 발음과 쓰는 방식이 다르기 때문에 아이들은 글자쓰기를 훨씬 어려워합니다. 한국어를 처음 배우는 외국인도 한글 읽는 것보다 한글 쓰는 것을 더 어려워하지요.

4) 노암 촘스키(2007). *촘스키 사상의 향연*. 시대의 창

물론 한글을 정확하게 쓰기 위해서는 꾸준한 연습이 가장 좋지요. 그래서 아이들은 유치원과정에서 정기적인 한글 받아쓰기 연습을 통하여 수준을 조금씩 높여 갑니다. 그러나 [라온] 보드게임처럼 아이들이 한글을 직접 만들어 보고, 게임을 한다면 단순히 받아쓰기 시험보다는 더욱 역동적이고 재미있을 것입니다. 한글을 처음 익히고 연습하는 아이라면 아래 [한글끼워맞추기] 놀이가 도움이 됩니다.

**[한글끼워맞추기 놀이]**

아이들에게 한글 읽기 교육을 재미있게 시작하려면, 먼저 한글 공부 동영상을 보여주는 것도 좋은 방법입니다. 유아들이 쉽고 흥미롭게 한글을 배울 수 있는 DVD로 '노래로 배우는 짱이의 마법 한글'을 추천합니다. 글자에 흥미를 보이는 아이들은 이 DVD을 통해서 한글 읽기를 쉽게 배울 수 있을 것입니다. 아이에게 DVD을 보여주면서 노래를 따라하고, 그 노래를 글자로 직접 만들어 보는 방법도 좋습니다. 일부 언어학자들은 읽기와 쓰기를 유아기간이 아닌 초등학생 기간에 배우고, 별도로 교육해야 한다고 주장하지만, 유아 아이들에게 글자를 놀이라고 생각한다면 함께 연계해서 지도해도 무방합니다.

이외에 유치원 아이들에게 책을 읽어주고 글자나 단어를 정확하게 쓸 수 있도록 지도하는 것도 좋지만, 더욱 중요한 것이 있습니다. 그것은 단어 자체가 아니라, **어휘 및 언어적 상상력을 키우는 것**입니다. 예를 들어 담요의 쓰임새에 관하여 질문을 했을 때 대부분 아이들은 침대에서 이불로 사용한다고 말합니다. 그러나 담요의 용도는 무척이나 많을 수 있습니다. 즉, 연기가 난다는 사실을 사람들에게 알리기 위해 사용하거나 숲 속에서 몰래 숨어있을 때, 보트의 돛으로 사용하고 혹은 수건대용으로 사용하거나 불타는 빌딩에서 뛰어내리는 사람을 받아내는 용도로 사용할 수 있지요. 어휘력을 늘린다는 것은 단순히 철자를 정확하게 읽고, 쓰는 것 이외의 활동을 말합니다. 아이가 엉뚱하더라도 어릴 적부터 기발한 생각을 하도록 돕고, 어휘력을 풍부하게 만들어 주는 교육이 필요합니다.

출처: Daum 키즈짱

## 4. 발달장애 및 학습부진 아동교육

노암 촘스키의 언어발달 이론에 따르면 아기들은 '언어습득장치(Language Acquisition Device)'을 타고나며 어떤 시기에 이르게 되면 '언어폭발'을 통해 모국어 능력이 가히 폭발적으로 일어난다고 합니다.[5] 그런데 어찌된 일인지 저희 아이는 어릴적부터 언어표현력이 현저히 낮고, 괴성을 지르거나 야단치면 입을 다물어 버렸지요. 크면서 좀 나아지려니 하고 기대하였지만 틱(Tic)증상과 함께 점점 심해져 갔습니다. 결국은 상담과 테스트를 통해 언어발달의 문제를 진단받고 몇 년 동안 언어치료를 통해 많이 향상되었지요. 가정에서는 아이의 구어적 표현 발달을 위해 언어지도 책[6]을 이용하기도 하였습니다.

한편, 아스퍼거 성향의 아이들은 비록 구어적 언어표현에는 어려움을 겪을지라도 문어적 글자인식에는 뛰어난 재능을 보이기도 합니다. 저희 아이는 위에서 언급한 '노래로 배우는 팡이의 마법 한글' DVD를 반복해서 시청하더니 쉽게 한글을 터득했습니다. 한글끼워맞추기를 통해 금새 글자 조합의 원리를 터득하더군요. 한자도 다른 아이들보다 일찍 관심을 갖고 익힐 수 있었습니다.

물론 아스퍼거 성향의 아이들에게도 어려움은 존재합니다. 책을 소리내어 정확하게 읽고 받아쓰기도 잘하지만, 그 내용을 물어보면 쉽게 답하지 못하는 성향을 보입니다. 이것은 아마도 아이가 글자의 형태와 이미지에 초점을 두다 보니 그 내용을 꼼꼼히 생각하지 못하는 것이 아닌지 의문이 듭니다. 그래서 부모와 언어 교사들은 아이의 언어학습에 관한 장단점을 정확하게 알고 이에 알맞은 학습법을 통해 지도해야 할 것입니다.

---

5) 김진우(2014). *언어와 언어이론(소쉬르에서 촘스키까지)*. 한국문화사

6) 김정완(2009). *언어발달을 돕는 우리아이 언어지도*. 한국학술정보

[ 영어 단어조합 ]

# 1-7. 왓츠누 (What's GNU?)

## 1. 게임 키워드 - 즐거운 영어 놀이

[What's GNU?] 보드게임에는 타일분배기 1개와 글자타일 72개, 그리고 단어카드 36장이 들어 있습니다. 타일분배기에서 임의대로 나온 알파벳을 이용하여 카드에 대입해 보고, 3글자 영어단어를 조합하여 맞추는 게임입니다. GNU는 '누'라고 불리며 남아프리카산의 암소 비슷한 영양의 이름이지요.

유아들이 영어 알파벳을 익힌다는 것은 학습이 아니라 재미있는 놀이가 되어야 합니다. 대부분 아이들은 한글의 낱 글자와 영어의 알파벳을 함께 접하게 되지요. 아이들은 이것들을 글자가 아닌, 재미있게 생긴 모양으로 인식하게 됩니다. 그래서 이것을 정확하게 발음하고 가르치기 보다는 장난감으로 간주하며 글자놀이를 하면 좋습니다. 영어를 학습의 대상이 아니라, 놀이의 일종으로 간주하여 아이들의 호기심을 불러 일으키며 지도해야 합니다. 예를 들어, 생활 속에서 눈에 쉽게 띄거나 자주 사용하는 영어 단어(간판, 포장지, 이정표 등)를 중심으로 흥미를 유도하는 것이 우선입니다.

## 2. 게임 방법

**승리요건:** 알파벳 타일을 이용하여 여러 개의 카드에 대입해 보고, 세 글자 단어를 상대보다 빨리 그리고 많이 만드는 게임입니다.

**순서와 규칙:** 경쟁 게임을 본격적으로 시작하기 전에 단어카드 36장을 잘 펼쳐 놓습니다. 글자타일 72조각을 잘 섞어 타일 분배기에 끼워 넣습니다. 그리고 나서 게임을 시작하는데, 타일분배기를 움직이면 타일 2개씩 나오는데, 이것을 이용하여 카드에 대입시켜서 만들 수 있는 3글자 영어단어를 찾아봅니다. 카드에는 이미 한글자의 단어가 씌어져 있습니다. 가장 먼저 글자를 이용하여 올바른 단어를 조합한 사람이 카드와 함께 가져갑니다. 타일분배기의 타일을 다 사용하고 나면, 단어카드를 가장 많이 만든 사람이 승리합니다. 어린이 집이나 유치원 등에서 동시에 여러 명이 할 때는 같은 방식을 이용하여, 팀으로 나누어 협력게임을 진행합니다.

## 경쟁 게임

### 게임의 목표

주어진 글자를 이용해 3글자 단어를 빨리 만드세요.
타일을 다 쓰고 나면 단어를 가장 많이 만든 사람이 이깁니다.

### 게임 준비

1. 단어 카드 36장을 잘 펼쳐 놓습니다.
2. 글자 타일 72개를 잘 섞어 타일 분배기에 글자가 위로 가도록 모두 넣습니다.

### 게임 방법

1. 타일 분배기 윗부분을 앞뒤로 움직여 타일 2개가 나오게 합니다.

2. 펼쳐진 단어 카드를 보고 빈 칸에 글자 타일 2개를 넣어서 만들 수 있는 단어를 생각해내세요.

3. 적당한 단어를 찾았다면 찾은 단어를 외치세요.
4. 가장 먼저 올바른 단어를 외친 사람이 글자 타일과 단어카드로 단어를 만들어 자기 앞에 놓습니다.

출처: 코리안보드게임즈(http://www.koreaboardgames.com)
♣동영상추천: https://youtu.be/72NOnAdx4GY

## 3. 교육 연계활동

영어 알파벳을 처음 보는 아이들은 글자 모양에 흥미를 갖습니다. 한글의 자음과 모음과는 전혀 다르게 생긴 이것을 아이들은 장난감 퍼즐 정도로 생각하지요. 아래 [알파벳 끼워 맞추기]는 영어학습용 장난감인 셈이죠. 동물 모양을 한 알파벳 직소퍼즐(Alphabet Jigsaw Puzzle)도 즐거운 놀이입니다.

유년기 아이들에게 영어의 알파벳을 익히는 것보다 더욱 중요한 것이 있습니다. 그것은 바로 **영어 듣기**입니다. 아이들은 한글의 기본 자음과 모음을 결합하여 발음하는 것은 금세 따라 합니다. 여기에 한글의 우수성이 돋보이지요. 그런데 영어는 모음이 5개(a, e, i, o, u)밖에 존재하지 않아 아이들이 발음하기가 매우 어렵지요. 이 점은 우리 성인들도 마찬가지입니다. 그래서 영어에서 가장 중요한 시작은 영어 듣기입니다.

그래서 어떤 부모들은 파닉스(phonics)를 통해 영어 발음을 정확히 연습해야 한다고 주장합니다. 옳은 말이지만 이것이 아이에게 재미가 아니라, 연속되는 학습지를 통해 훈련과 숙제가 되었을 때, 아이들은 자칫 영어에 흥미를 잃어버립니다. 즉, 연습을 위한 발음 공부가 아니라 흥미로운 영어 놀이가 되어야 하지요.

이때 아이들이 노래와 율동을 좋아한다면 '노래 부르는 영어동화'(노부영)

를 적극 이용하는 것도 좋습니다. 부모들은 아이가 어떤 방식의 학습방법을 선호하는지 잘 살펴보아야 합니다. 아이가 시각적인 것을 선호하는지 혹은 청각적인 것을 더 좋아하는지 주의 깊게 관찰해야 하지요. 대부분의 아이들은 신체활동을 곁들인 노래와 율동을 통해 학습하기를 좋아합니다. 그래서 어린이 집이나 유치원에서 활동적인 영어선생님이 필요하지요. 집에서도 물론 영어 음악을 들려주고, 아이의 장난끼 있는 모습을 보아도 좋지요. 그러나 모든 아이들이 음악이나 율동을 좋아하는 것은 아닙니다. 시끄럽다고 생각하는 아이들도 있지요. 결국 아이의 기질과 선호도에 맞추는 방법이 핵심입니다.

[노부영 시리즈]

아이가 어느 정도 영어 글자를 읽고 발음하면 단어를 본격적으로 지도합니다. 단어의 알파벳을 외운다기보다는 영어단어에 익숙해지는 것이 중요하지요. 우선 기본적인 3개의 알파벳으로 이루어진 단어를 지도합니다. 이때 알파벳에 집중하기보다는 단어와 그림이미지를 서로 매칭시키는 활동이 좋습니다. 또한 [What's GNU?] 에서 제공하는 500여개의 영어단어 중에 잘 알려진 것을 골라 활용합니다. 그리고 나서 4개 혹은 5개의 알파벳으로 이루어진 영어단어를 점차 늘려 지도합니다.

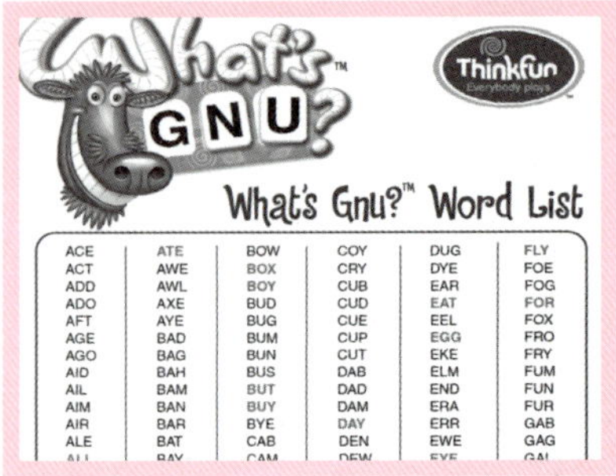


출처: What's GNU? thinkfun.com/whatsgnu

## 4. 발달장애 및 학습부진 아동교육

학습부진아나 발달장애아에게 영어를 일찍 가르쳐야 한다고 생각하는 부모는 많지 않습니다. 모국어도 어려운 형편인데 외국어인 영어까지 아이가 공부할 수 있을까? 미리 걱정을 하지요. 그런데 이런 염려를 할 필요가 전혀 없습니다. 왜냐하면 영어든 중국어든 외국어 학습은 아이에게 가르치거나 공부시키는 것이 아니라 외국어 학습환경을 마련해 주는 것만으로도 충분하기 때문입니다.

그렇다면 학습에 어려움이 있는 아이들에게 어떻게 그 환경을 마련해 주어야 할까요? 우선 영어 기초단어와 음성을 자연스럽게 노출시켜 주어야 합니다. 아이가 비록 처음부터 외국어 공부를 좋아하지 않더라도 영어 비디오를 틀어주거나 노부영 시리즈를 CD로 들려주면 됩니다. 영어 공부를 시킨다는 생각보다는 영어에 익숙해지게 한 후, 길거리나 상점, 차도에 씌어있는 영어를 연결시켜 줍니다(예를 들어 Chicken, Pizza, Coffee, Cake, Ice cream 가게 혹은 Exit, Way, Car, Bus, Subway 교통시설 등). 아이들이 자신이 공부한 단어를 실제로 길거리에서 보게 될 경우에는 매우 신기하게 생각합니다. 아스퍼거 성향을 가진 아이들은 좀 더 일찍 영어 스펠링을 익혀서 쓰기까지 잘 할 것입니다. 그러나 글자에 전혀 흥미가 없고, 집중력이 부족할 경우에는 영어 율동이나 음성을 통해 발음에 초점을 맞추는 것이 좋습니다.

Chapter 2

# 초등학생 대상

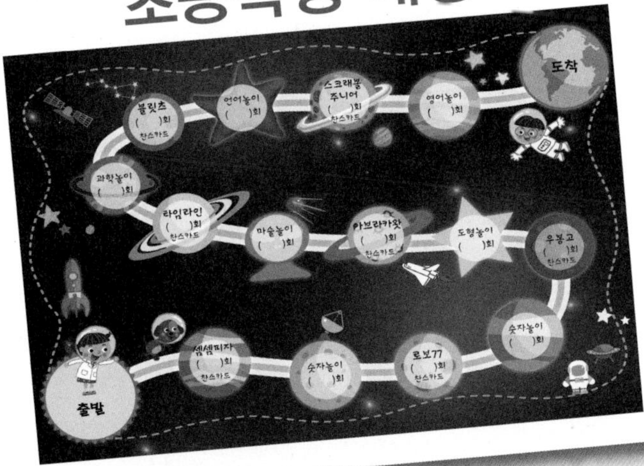

# Chapter 2 _ 초등학생 대상

초등학생 교육의 키워드는 교과과정 학습보다는 **두뇌훈련의 기초가 우선시 되어야** 합니다. 학교에서 배우는 교과내용을 무조건 암기하고 시험 치르는 데 급급해서는 안되지요. 부모들도 다 알다시피 무조건 암기한 재미없는 공부는 시험 다음날 다 까먹어버리지 않습니까? 아이들도 마찬가지 입니다.

초등학교 시기에는 특히, 완벽한 연산과 암기 훈련이 이루어져야 합니다. 기초적인 연산에서 자꾸 오류가 나고, 개념을 이해하지 못하면 결코 수학을 잘 하는 아이로 발전할 수 없겠지요. 이뿐만 아니라, 수학과목의 측정, 도형 및 확률의 이해, 그리고 언어과목의 자유로운 언어 연상, 어휘 확장 훈련 등이 탄탄하게 이루어져야 합니다. 초등학교 시기에는 지식이란 열매가 풍성하게 열릴 수 있도록 두뇌라는 토양에 양분을 충분히 주어야 할 때입니다.

이후에, 교과목 및 학습내용을 차곡차곡 이해하고, 분류하며, 설명할 수 있는 단계까지 나아가야 합니다. 초등학교 5, 6학년이 되어도 수학실력이나 읽기능력이 낮다면 다시 기초부터 탄탄하게 다져나가야 합니다. 그때에도 결코 늦지 않습니다. 그러나 문제는 부모들의 조바심과 아이가 이미 흥미를 잃어버리면 큰 문제가 됩니다. 대부분의 부모들은 기초를 떠나 선행학습을 통해 남보다 더 빨리 나아가길 바라지요. 수학과 언어과목의 개념과 원리를 제대로 이해하지 못하고, 교과내용을 따라가기에 급급하다면 차후에 높은 성적을 얻을 수 없을 것입니다. 아이는 점차 수학에 자신감을 잃게 되고, 결국 포기할지도 모릅니다.

초등학생 발달장애아나 학습에 부진한 아동을 키우는 학부모는 더욱 애간장을 태우게 됩니다. 아이의 언어 소통문제, 학습 태도문제 혹은 인지력의 부족으로 인해 생기는 문제점은 이후 아이의 인생에 돌이킬 수 없는 단점이 될 수 있습니다. 그래서 초등학교 저학년부터 **공부의 첫 단추를 잘 꿰매야** 합니다. 보드게임은 공부에 흥미를 잃은 아이의 호기심과 경쟁력을 자극하고, 부모와 다시 소통할 수 있는 기회를 줄 수 있습니다. 아이가 비록 학습태도나 인지력이 부족하다 할지라도 부모는 끝까지 포기해서는 안 됩니다.

## 1. 가족용 보드 판 만들기

부록에 제시된 초등학생용 보드게임 판에 가족과 상의하여 횟수와 찬스카드를 직접 만들어 보세요. 횟수는 여러분이 직접 입력합니다. 보드게임의 대부분은 수학과 언어 학습용 게임이며, 게임의 횟수 또한 점차 늘려서 레벨업시키는 것이 좋습니다.

1. 출발 및 도착 이외에 총 14단계 – 초등학생용 보드게임 7가지와 이와 관련된 학습내용을 중간에 각각 끼워 넣고 전체 게임기간은 한달 이내가 바람직합니다.

2. 단계별로 가상화폐 붙이기 - 보드게임은 아이가 승리를 할 때마다, 연계학습은 과제를 다 마쳤을 때마다 가상화폐를 지급합니다. 실질적인 동기부여를 위해 가상화폐를 모아 아이가 용돈으로 사용할 수 있도록 하는 것도 좋습니다.

3. 찬스카드를 각자 만들어 활용합니다.(예 - 치킨주문, 피자주문, 패밀리 레스토랑, 가족여행, 아이스크림, 목마 태우기, 워디파크 놀이, 실내용 농구, 꽝!, 뽀뽀 3번, 심부름 들어주기 등)

5. 도착 칸에 타이틀과 해당 물건이 이미지 부착하기 – 목적지에 도착하면 가족 모두 축하 파티를 열어 아이가 성취의 기쁨을 느낄 수 있도록 합니다.

**[ 잠깨보 초등학생용 보드판 ]**

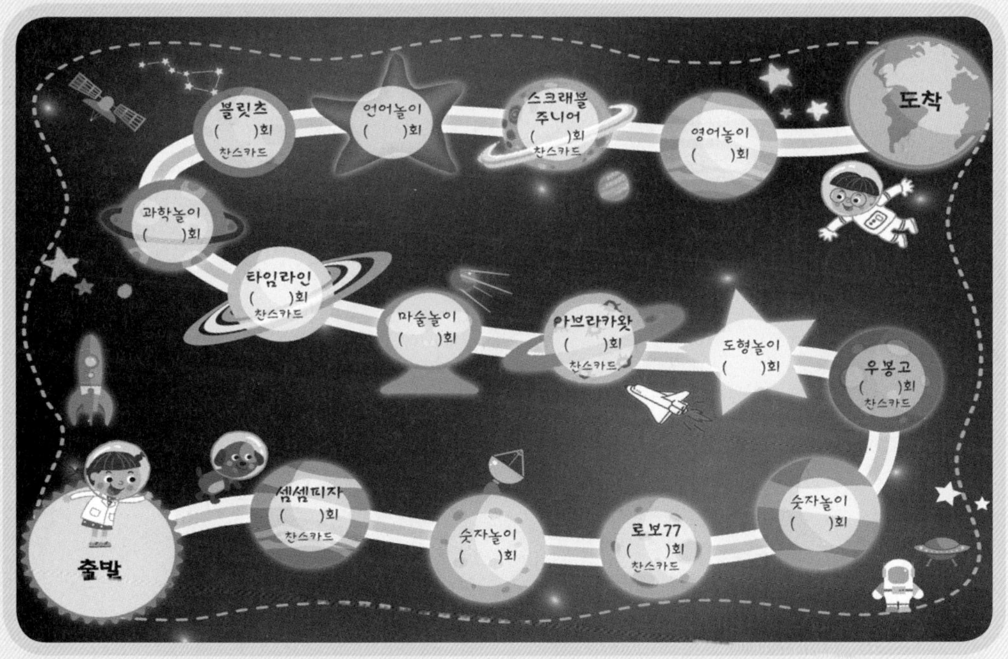

## 2. 초등생과 게임을 효과적으로 진행하는 방법

초등생의 특성에 맞도록 다음 사항에 유념하여 보드게임을 진행해 주시길 바랍니다.

1. 게임방법을 부모가 먼저 정확하게 숙지해야 합니다.각 게임방법은 부록에 제시된 동영상 추천(QR 코드)을 확인하시길 바랍니다.

2. 모든 게임은 가족의 엄마, 아빠, 그리고 아이 3인 이상 참여하는 것이 좋습니다. 가족 이외의 친구들과의 게임도 좋습니다. 2인용 보드게임을 제외하고는 대부분의 3인 이상 보드게임에 참여하는 것이 더 재미있습니다.

3. 가상화폐를 사용하여 아이들에게 참여 동기를 불러일으키는 방법에 우려를 표시하는 부모들도 계십니다. 물론 학습의 순수한 내적 동기를 우선시하고 공부시키는 것이 바람직하지만, 이미 학습에 흥미를 잃고 스스로 책을 읽지 않는 아이에게 내적 동기만을 강조하다 보면 한계가 있지요. 먼저 보드게임을 통해 수학이나 언어 활동에 흥미를 불러 일으키고, 교과 학습과 연계시키면 학습에 흥미를 갖게 될 수 있습니다. 이때 학습에 대한 훈련이나 강요가 아니라, 학습의 중요성을 인식시키고, 부모가 가상화폐를 통해 보상을 해 준다면 아이들은 꼭 보상을 받기 위해서가 아니라, 점차 학습의 동기를 느끼게 됩니다.

4. 이책에서 소개한 보드게임을 모두 구입하기에 부담스러운 경우에는 친한 부모나 지인들과 의논한 후, 서로 필요한 것을 나누어 구매한 후, 보드게임을 서로 빌려주고 받는 방법도 좋습니다. 지역 내 보드게임 센터를 방문하여 활동하는 것도 좋습니다.

5. 보드게임과 관련된 스마트폰이나 i-PAD 교육용 게임을 병행해도 좋습니다. 그러나 아이가 기구를 지나치게 사용한다고 생각할 경우, 시간과 횟수를 제한하고, 점차 줄여가는 방식으로 사용하시길 바랍니다. 이때에도 놀이용 게임이 아닌, 보드게임과 관련된 교육용 소프트웨어나, 앱으로 제안하는 것이 좋습니다.

[ 치밀한 계산력 ]

# 2-1. 셈셈피자가게

## 1. 게임 키워드 - 재미있는 계산, 덧셈과 뺄셈

연산의 가장 기본이 되는 것이 더하기와 빼기입니다. 아이들은 한 자릿수를 먼저 연습하고, 두 자릿수까지 계산을 하지요. 대부분 연습장을 이용하거나 문제집을 활용하여 연산 연습을 합니다. 그런데 문제는 어린 아이들에게 이런 종류의 연산훈련은 매우 재미없고 기계적이라는 점입니다. 더하기나 빼기를 잘하면 부모나 선생님으로부터 칭찬은 받겠지만, 수학의 흥미나 필요성을 느끼지 못하지요. 더하기 빼기의 실력은 비록 늘어나겠지만, 숫자에 대한 거부감 또한 커져 가기 쉽지요.

이때 필요한 것이 바로 보드게임 [셈셈피자가게]입니다. 아이들은 이 놀이에서 승리하기 위해 계산 실력을 쌓아 나아갑니다. 자신이 갖고 있는 3장의 덧셈 · 뺄셈 카드의 순서를 미리 암산하고 순서대로 내는 것은 원하는 토핑을 빨리 얻기 위한 전략적인 방법입니다. 다시 말해서 기계적으로 연습장의 수학 문제를 몇 개 풀기보다는 재미있게 피자 한 판을 굽는 것이 **더욱 두뇌를 활용하는 방법**이 될 것입니다.

## 2. 게임 방법

**승리요건:** 피자 한 판에 그려져 있는 3가지 토핑을 모두 구하고, 이것을 반복하여 3판을 먼저 완성하면 게임에서 승리합니다.

**순서와 규칙:** 먼저 피자 보드 판을 펼쳐서 토핑을 해당 번호에 각각 올려놓습니다. 자신의 말(노랑, 파랑, 빨강, 초록색)을 냉장고 번호 50에 올려놓고 덧셈뺄셈카드와 주방장 카드를 중앙에 올려 놓습니다.

참여자 모두 각각 3장씩 덧셈뺄셈카드를 갖고 게임을 시작합니다. 내 말이 놓여있는 보드 판의 수와 덧셈뺄셈카드와 대입한 후 자신에게 필요한 토핑이 있는 숫자(끝자리 1~6)로 이동합니다. 끝자리 7번으로 이동한 경우에는 주사위를 던집니다. 홀수와 짝수 중에 골라 미리 말하고 예측이 맞으면 원하는 토핑 1개를 가져갑니다. 끝자리 8번이나 9번으로 이동한 경우에는 주방장 카드를 가져와 내용을 읽고 그대로 실행합니다. 끝자리 10번으로 이동한 경우에는 냉장고에 보관중인 토핑 중에서 내게 필요한 토핑 1개를 가져올 수 있습니다. 피자 3판을 먼저 완성하는 사람이 게임에서 이깁니다.

이 보드게임은 수준별 연산 학습이 가능하도록 설계되어 있습니다. 덧셈뺄셈 카드가 한 자리 숫자와 두 자리 숫자로 각각 나뉘어져 있으며, 보드판 또한 앞 뒤 양면으로 나뉘어져 난이도에 따라 활용할 수 있지요. 또한 아이가 연산을 잘하는 경우에는 **덧셈과 뺄셈 카드를 한꺼번에 두 장을 사용하여** 자신이 원하는 토핑의 칸으로 이동할 수 있도록 하우스 룰(house rule)을 적용해 보는 것도 좋습니다. 아이는 점차 더하기 빼기를 자유자재로 하면서 머릿속으로 암산을 더욱 많이 할 수 있게 됩니다.

**[유아 및 초등생의 수준별 연산학습]**

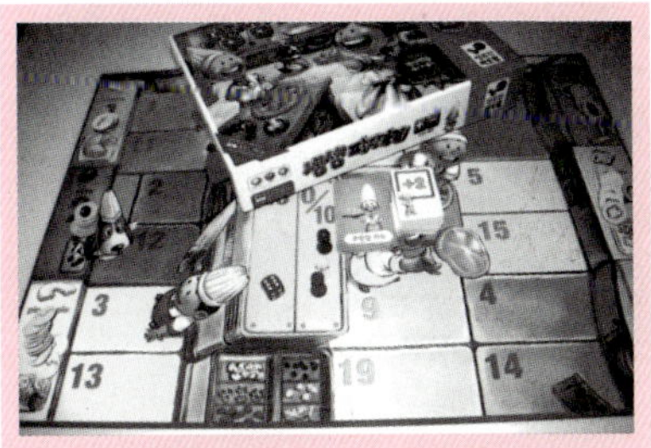

이와 관련하여 동종의 시리즈 제품인 [셈셈롤러코스터]는 곱셈과 나눗셈이 추가되어 사칙연산을 자유자재로 해야만 승리할 수 있습니다. 암산을 한다는 것은 아이들에게는 매우 중요한 두뇌 활동 입니다. 초등학교에서 계산기를 사용하지 않고 암산을 권장하는 것은 바로 이 때문입니다. 계산기를 사용하다 보면 정확하고 편리하다는 생각에 암산을 더 이상 하지 않게 됩니다. 그러다 보면 연산 실력은 점차 떨어지게 됩니다. 곱하기와 나누기도 암산을 통해 연습하는 것이 좋습니다. 아래 체스판을 이용하면서 체스 말을 차례로 놓아두고 곱하기와 나누기 개념을 설명해 주면 아이들이 쉽게 이해합니다.

[셈셈롤러코스터와 체스판]

① 3가지 토핑을 구하면 피자 1판 완성. 3판을 먼저 완성하면 승리합니다.

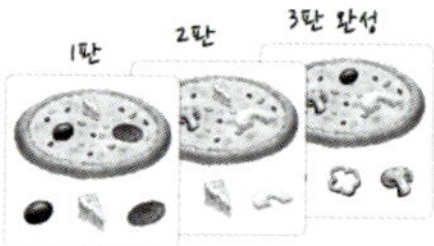


② 내가 가진 3장의 덧셈 뺄셈 카드 중 1장을 사용합니다.

③ 내 말이 놓여 있는 보드판의 수를 확인합니다.

④ 두 수를 계산합니다.

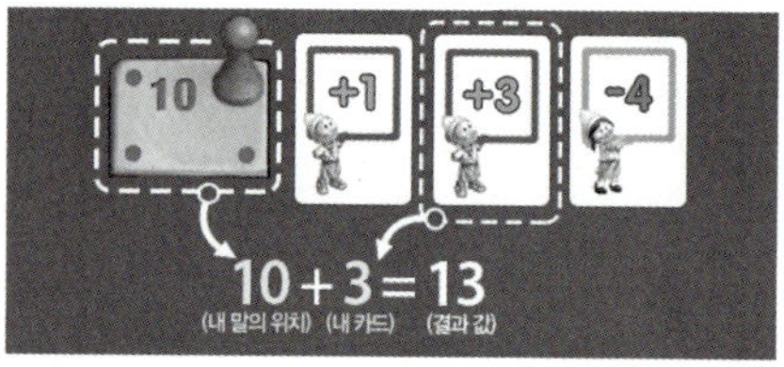


⑤ 계산의 결과값으로 말을 옮기세요.
도착한 칸에 따라 다양한 토핑 혹은 이벤트를 진행합니다.

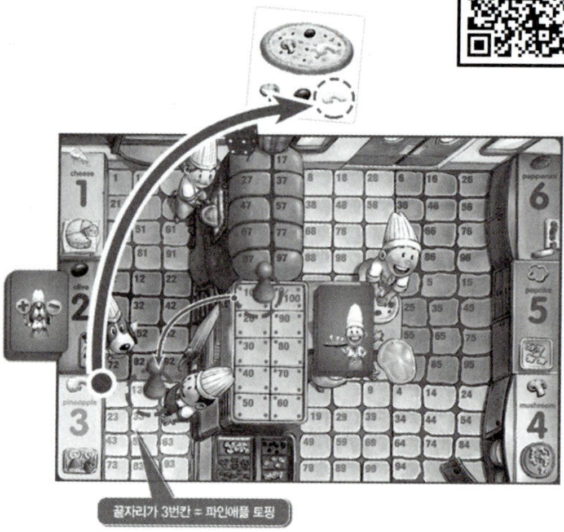


⑥ 새로운 수 카드를 받아옵니다.
수 카드는 항상 3장이 되도록 합니다.

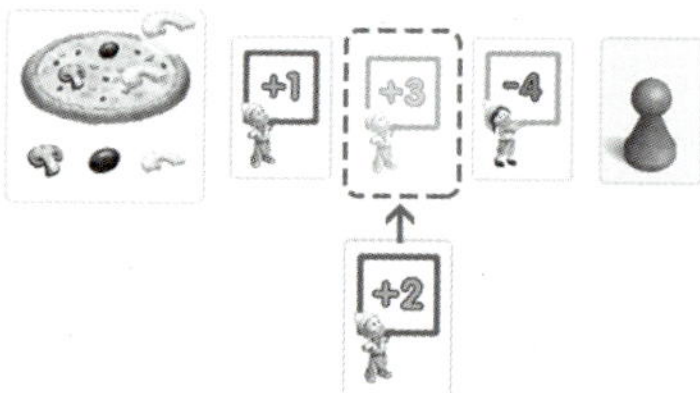


출처: 행복한바오밥 http://www.happybaobab.com

♣동영상추천: https://youtu.be/ufuVlD-a8Wo(Part 1) / https://youtu.be/AnV1PobgxK4(Part 2) QR 코드

## 3. 교육 연계활동

'이 세상은 숫자와 언어로 이루어져있다'라는 사실을 아이들은 성장하면서 자연스레 알게 됩니다. 길거리를 나서면 광고 홍보물에 쓰여진 한글과 영어 그리고 숫자 등을 보면서 우리들은 생활하지요. 아파트의 동 호수, 핸드폰 번호 그리고 자동차 번호판에 적힌 일련의 번호를 기억한다는 것은 일상생활에서 매우 중요합니다. 자신의 키와 몸무게를 측정하고, 줄자로 길이를 비교하는 것 등은 어린 아이들에게 의미있는 수학적 활동이지요.

화폐 또한 마찬가지이며, 아이들은 어른들이 사용하는 화폐에 대단히 관심이 많지요. 그래서 화폐를 갖고 숫자의 개념을 익히는 것 또한 중요합니다. 10원짜리 열 개가 모여 100원이 되고, 이것이 다섯 개가 되면 500원 큰 동전이 되고, 열 개가 모이면 1,000원 지폐가 된다는 사실을 알려주면 어린아이들은 쉽게 받아들입니다. 그리고 나서 오천 원과 만 원, 오만 원에 대한 개념을 설명해 주면 아이들의 숫자의 개념은 점차 넓어집니다.

실제로 아이들에게 10단위에서 100단위로 그리고 1000 단위로 확장해 나아갈 때 화폐를 사용하면 매우 효과적입니다. 숫자가 점차 커지더라도 아이들은 거부감 없이 받아 들이죠. 시장놀이를 하면서 물건을 사고 팔 때, 아이들은 더하기와 빼기를 정확하게 익힐 수 있습니다. 이것은 실제로 수학 문제집을 풀이하는 것보다 더 효과적일 수 있습니다.

[장난감 돈을 이용한 숫자놀이]

## 4. 발달장애 및 학습부진 아동교육

발달장애를 겪는 아이들 중에는 비록 언어소통이나 대인관계에서 문제점을 보일 수 있으나, 숫자나 도형 혹은 공간적 지능에서 매우 뛰어난 경우도 있습니다. 그래서 부모나 교사들은 아이들이 숫자를 잘 못 세거나 더듬거려도 수학에 전혀 재능이 없다고 미리 판단해서는 안될 것입니다. 특히 초등학생이 되었는데도 간단한 더하기 빼기를 하더라도 손가락으로 세면서 유달리 정확하게 천천히 세는 아이들도 있습니다. 부모입장에서는 정말 답답한 노릇이지만, 아이는 빨리 셈을 할 줄 몰라서가 아니라, 틀리지 않으려고 꼼꼼하게 하려고 하기 때문입니다. 그래서 그런 아이들을 결코 다그쳐서는 안됩니다.

수학 스토리텔링이 일반 아이들에게는 재미있고 유익한 학습방법이라 할지라도 전반적으로 학습능력이 부족한 아이들에게는 오히려 더욱 어려운 과제일 수 있습니다. 왜냐하면 이야기를 중심으로 전후 맥락을 이해해야 하기 때문에 문제의 핵심을 쉽게 이해하지 못하면 오히려 혼란을 야기시킬 수 있지요. 그러므로 연산이나 숫자공부를 연습장이나 학습지로 반복해서 공부하기 보다는 원리를 쉽게 알 수 있도록 장난감이나 수학 교구를 사용하여 기초를 탄탄하게 만들어 주는 것이 필요합니다. 초등학교 아이가 숫자연산을 어려워하는 경우에는 먼저 유아용 [셈셈피자] 판을 사용하여 아이들의 흥미와 경쟁심리를 자극해보는 것이 좋겠습니다. 숫자를 정확하게 계산하고 이동할 때마다 격려와 칭찬을 아끼지 않는 것 또한 매우 중요합니다.

[ 빠른 암산력 ]

# 2-2. 로보77(Robo 77)

## 1. 게임 키워드 - 배수의 개념

덧셈과 뺄셈의 연산능력이 어느 정도 이루어지면, 그 다음부터는 수학적 개념으로 들어가기 시작합니다. 바로 곱하기와 나누기의 개념입니다. 3+3=6 와 3x3=9$^{(3+3+3)}$의 차이를 아이들은 분명 혼란스러워 할 것입니다. 곱합기는 배수의 개념이며, 또한 곱하기와 나누기가 일맥 상통하다라는 개념도 잘 이해하지 못합니다.

수학적 개념을 이해한다는 것은 단순히 계산을 잘 한다는 것과는 차원이 다릅니다. 약수와 배수, 혹은 최대공약수, 최소공배수 등을 쉽고 재미있게 이해하기란 결코 쉽지 않지요. 수학의 교육 목적은 단순히 실생활에서 필요한 계산과 측정뿐만 아니라, **수학적 사고와 논리적인 두뇌력을 키우기 위함**이지요.

[로보77]을 통해서 아이들은 배수의 개념을 재미있게 익히게 됩니다. 이 게임에서는 11의 배수, 즉 22, 33, 44, 55, 66, 77 숫자를 게임도중에 말하면 안됩니다. 아이들이 배수의 개념을 이해하지 못한다면 우선 두 자리 숫자가 같으면 안 된다고 지도해 줍니다.

## 2. 게임 방법

**승리요건:** [로보77]은 숫자 카드 게임입니다. 각 플레이어들은 돌아가면서 숫자 카드를 내고, 카드에 적힌 숫자를 더합니다. 자신의 차례에 숫자의 합이 11의 배수가 되거나 77 이상이 되면 생명칩을 잃고, 라운드를 반복해서 다른 모든 플레이어를 탈락시키고, 최후의 1인으로 살아남으면 승리합니다.

**순서와 규칙:** 게임을 시작하기 전에 먼저, 한 사람당 카드 5장과 생명칩 3개씩 나눠 갖고 남은 카드는 뒷면이 보이도록 중간에 놓습니다. 시계방향으로 돌아가며 게임을 진행하며, 시작 플레이어는 손에 있는 카드 중 1장을 내려놓고, 그 카드의 숫자를 크게 외칩니다. 그 후에 카드더미에서 1장을 가져와 항시 5장을 유지합니다. 만일 카드를 가져가는 것을 잊었다면, 이후에는 카드가 더 적은 상태로 라운드를 진행해야 합니다. 그러므로 숫자를 더하고 외치는 데 집중하다 보면 카드 가져오기를 깜박 잊을 수 있으니 주의해야 합니다. 다음 플레이어부터는 자기 차례에 카드 1장을 내려놓고, 이전 플레이어가 외친 숫자에 자신이 내려놓은 카드의 숫자를 더한 수를 외칩니다.

01

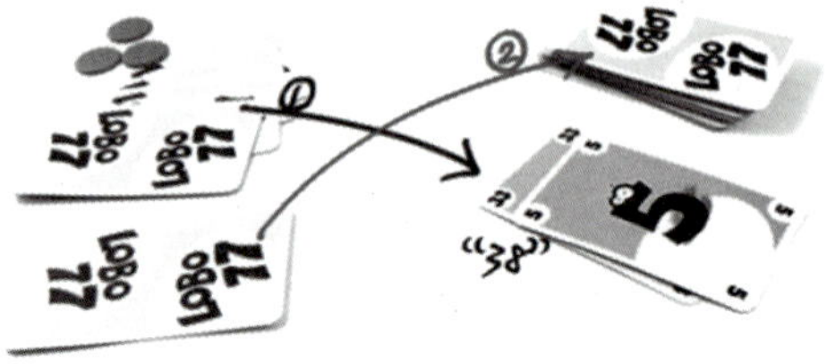


이렇게 외친 숫자가 11의 배수 또는 77 이상의 숫자라면, 플레이어는 생명칩을 하나 잃게 되기 때문에 자기 차례에 어떤 카드를 낼지 매우 신중하게 판단해야 하지요. 이 게임에는 3종류의 특수 카드가 있는데, ① 먼저 x2를 사용하면, 다음 사람이 2장의 카드를 연속해서 내야 합니다. ② 방향전환 카드를 사용하면 순서가 거꾸로 뒤바뀌어 역습할 수 있지요. ③ 또한 −10 카드를 사용하면 지금까지 더한 합에서 −10을 할 수 있기 때문에 높아져 가는 숫자를 잠시 낮추거나 위기를 모면할 수 있습니다.

02

같은 방법으로 게임을 진행한 후에, 누군가 먼저 77 숫자를 넘기면 1라운드가 종료됩니다. 카드를 다시 섞어 게임을 진행합니다. 생명칩 3개를 모두 잃으면, 게임에서 자동으로 탈락하게 되고, 마지막 1명이 남을 때까지 게임을 진행합니다.

03

[로보 77]의 고난도 하우스룰(House rule)도 있는데, 하우스룰이란 게임의 규칙을 변형해 특정 그룹에서만 사용되는 자기들만의 게임 규칙을 말합니다. 바로 숫자를 외치지 않고, 침묵으로 진행하는 방식입니다. 암산으로 숫자를 더해가며 말을 하지 않고 게임을 진행하면 서로 계산이 틀릴 확률이 높아, 더욱 재미있는 상황이 벌어지기 쉽습니다.

위 그림 1, 2, 3 출처: 코리안보드게임즈(http://www.koreaboardgames.com)
♣동영상추천: 다이브다이스 https://youtu.be/YH-VSVuB2Cc

## 3. 교육 연계활동

수학이 정말 중요하고, 잘해야 한다는 점을 부모나 교사도 잘 알고 있지만, 이 과목을 잘 지도하기란 쉽지 않습니다. 실제로 초등학교 4학년이 되면 수학이 어려워서 포기하는 아이들도 속출하지요. 그래서 부모들은 더욱 걱정이 되어 아이들을 학원이나 과외로 내몰지만 이것은 수학에 대한 흥미를 더 떨어뜨릴 수 있지요.

부모는 우선 초등과정의 학년별 수학 개념을 이해해야 합니다. 각 학년별로 1학년 때는 연산과 시간, 2학년 때는 도형과 곱셈, 3학년 때는 분수와 나눗셈, 소수의 개념, 4학년 때는 분수의 종류와 다각형, 5학년 때는 약수, 배수, 공약수, 공배수 그리고 선대칭 및 점대칭 도형, 6학년 때는 각기둥과 각뿔, 원주율, 원의 넓이 그리고 등식의 성질 등을 배우게 됩니다.

수학적 개념을 쉽고 재미있게 이해시키기 위해서는 우선 **일상생활을 통해서 아이들이 수학적인 상황을 만날 수 있도록** 해 주어야 합니다. 예를 들어 3명의 친구들이 집으로 놀러 왔을 때 한 명당 과자를 2개씩 나눠주고, 사탕은 3개씩 주려고 할 때, 모두 몇 개를 꺼내와야 할까? 질문을 던지는 것입니다. 피자를 통해 분수의 개념을 가르쳐 주고, 우유를 통해 부피와 무게의 개념을 지도할 수 있습니다. 아이에게 곱셈의 개념을 이해시키기 위해 아래처럼 체스 판에 번호를 붙여 놓고 사용한 경우도 있습니다. 4x4=16(4+4+4+4), 즉 4개의 줄로 4번씩 체스 말이 놓여 있으니깐 숫자16이 된다는 것을 설명하는 것이지요. 이렇듯 **수학의 개념을 눈으로 직접 보여주면** 아이들의 이해가 훨씬 빠릅니다.

**[체스판을 이용한 곱하기 연습]**

수학 기초교육에서 숫자에 대한 기계적 훈련과 연습이 아니라, 숫자는 우리 일상생활에서 정말 중요하게 사용된다는 점을 이야기를 통해 알려주는 것이 중요합니다. 고대 로마의 숫자와 중국 한문에서 표기되는 숫

자 그리고 아라비아 숫자가 어떻게 세계적으로 사용되었는지 그 유래를 설명해주는 것도 무척 재미있는 이야기가 될 것입니다. 특히 0의 개념이 1~9보다 더 늦게 만들어 졌으며, 0의 개념으로 인하여 무한대의 숫자가 가능하다는 것을 이해시키면 아이들은 무척 신기해 합니다. 아래 [문명과 수학] DVD 에서는 수의 시작, 원론, 신의 숫자, 미적분 등의 수학적 이론들을 재미있고 쉽게 설명해 주고 있습니다.

또한 가정에서 부모가 쉽게 지도할 수 있는 방법은 무엇일까요? 그것은 보드게임을 통하여 수학을 문제집이 아닌, 재미있는 놀이로 간주하도록 해야 한다는 점 입니다. 이런 의미에서 부모가 먼저 연산과 수학적 개념과 관련된 보드게임, 예를 들어, 로보 77, 셈셈시리즈, 할리갈리 익스트림, 다빈치코드 등을 이용하는 것이 매우 바람직 합니다. 수학 문제집이나 학습지 등은 정확한 연산 훈련에 도움을 줄 수는 있겠지만, 자칫 아이의 수학적 흥미를 떨어뜨리고, 정답 아니면 오답이라는 잣대로 아이가 결국 수학을 포기하게 만드는 요인도 될 수 있지요.

[문명과 수학 DVD]

## 4. 발달장애 및 학습부진 아동교육

이해력이 부족한 아이들에게 수학연산뿐만 아니라, 배수나 약수와 같은 수학개념을 설명하기란 쉽지 않습니다. 자폐나 아스퍼거 성향의 아이들은 각자 자신만의 세계가 분명히 있고, 객관적인 사실을 쉽게 받아들이려 하지 않기 때문입니다. 그래서 아이를 잘 이해하고, 아이의 수준에 알맞게 지도하는 전문적인 수학 교수자가 필요합니다. 자폐인으로서 미국의 유명한 동물학자이자 대학교수가 된 템플 그랜딘(Temple Grandin)1) 에게는 자신을 정성껏 지도해주는 부모와 훌륭한 선생님이 계셨지요. 자

1) 템플 그랜딘(2005) *나는 그림으로 생각한다(자폐인의 내면 세계에 관한 모든 것)*. 양철북

폐를 겪었던 그녀가 문자가 아닌 그림으로 생각한다는 것은 대부분의 지식을 추상적으로 받아들이지 않고, 주로 **우뇌를 통해 이미지나 연상을 통해 학습했다**라는 뜻입니다. 교수자는 발달 장애아의 이러한 특성을 잘 알고 가르쳐야 합니다.

공식과 패턴, 확률과 통계 혹은 도형과 함수 등과 같은 수학의 개념들을 정확하게 이해하기 위해서는 아이들이 보드게임을 통해 직접 눈으로 보고 만지면서 경험하는 것이 좋습니다. 특히 이미지를 통한 우뇌 연상법이나 마인드맵 방법[2]을 사용하는 것도 수학공부에 매우 유익할 것입니다. 보드게임이 모든 수학적 개념을 이해시켜 주는 것은 아니지만, 게임에 참여함으로써 스스로 터득하는 것이 많을 수 있습니다. [다빈치코드]나 [루미큐브]와 같은 고도의 숫자추리 보드게임을 설명하기란 매우 어렵지만 직접 참여하다 보면 경험적으로 쉽게 깨우칠 수 있는 묘미가 있지요. 발달장애아마다 특성이 다르기 때문에 이에 알맞은 수학 교수법을 개발하는 것이 우선일 것입니다.

**[숫자추리 보드게임]**

2) 토니 부잔(Tony Buzan)(2010). *토니 부잔의 마인드맵 두뇌사용법*. 비즈니스맵

[ 도형 맞추기 ]

# 2-3. 우봉고(Ubongo)

## 1. 게임 키워드 - 도형의 조합능력

우봉고는 3개 또는 4개의 퍼즐 조각을 퍼즐 판 문양에 정확하게 채우는 것을 목표로 하는 게임입니다. 우봉고(Ubongo)란 동아프리카의 케냐, 탄자니아 등 북부의 해안 지대에 사는 스와힐리(Swahili)의 단어로서 두뇌(brain) 혹은 지성(inteligence)을 의미합니다. 이 게임에서는 아프리카 전통을 연상

케 하는 검정색과 빨간색을 사용하였고, 문양은 손바닥, 방패, 뱀 그리고 코끼리 등의 상징물을 퍼즐판과 주사위에 새겨 놓았습니다.

우봉고는 '펜토미노(Pentomino)'나 '탱그램(Tangram)' 퍼즐이 응용되어 보드게임의 요소인 경쟁과 시간압박의 요소가 가미되었습니다. 즉, 게임 말과 모래시계를 이용하여 더욱 흥미진진하게 만든 것이지요. 펜토미노는 5개의 정사각형을 붙여 만든 도형으로 다양한 모양을 만드는 놀이이며, 탱그램은 동양의 전통놀이와 비슷한 '칠교놀이'라고 할 수 있습니다. 아이들은 이러한 도형 맞추기 놀이를 통하여 평면도형과 입체도형에 관하여 친숙해지고, 더 나아가 형태와 기호 및 공간에 대한 개념을 확장시킬 수 있는 것입니다.

[펜토미노와 탱그림]

## 2. 게임 방법

승리요건: 타일에 그려진 도형을 가장 빨리 맞추어 '우봉고'라고 외치고, 자신의 말을 이동시켜 보석판에 놓인 보석을 2개씩 가져옵니다. 총 9라운드를 진행하면서, 자신이 수집한 보석 가운데, 한 가지 색깔을 가장 많이 모은 플레이어가 승리합니다.

순서와 규칙: 우선 보석판을 하나로 연결하고, 구멍에 보석을 무작위로 채워 넣습니다. 각자 게임 말을 선택하여 보석판의 빨간색 칸에 올려 놓은 후, 각 플레이어는 타일 1세트씩을 가집니다. 모든 타일에는 앞면은 3개의 도형을, 뒷면은 4개의 도형을 채워 넣어 플레이어의 난이도에 따라 사용합니다. 즉, 타일에 그려진 도형을 잘 못 맞춘다면 쉬운 면 3개를 사용하고, 비교적 잘 하는 사람은 4개를 펼치고 시작합니다. 빨리 맞추기 위해서는 무엇보다도 손놀림을 빨리 해서 이리저리 맞추어 봐야 합니다. 초급자도 쉽게 할 수 있으며, 운이 좋으면 가장 먼저 '우봉고'를 외칠 수도 있지요.

그리고 나서 먼저 시작한 플레이어가 주사위를 굴리고 모래시계를 뒤집으면 게임이 본격적으로 시작됩니다. 주사위에 나타난 이미지와 동일한 타일들만을 이용하여 하얀색 칸을 정확하게 채워 나갑니다. 칸을 다 채웠다면 '우봉고'라고 외치고, 다른 플레이어를 기다립니다.

우봉고를 외친 순서에 따라 순위를 정하고, 1등은 게임말을 좌우 방향으로 3칸까지 움직일 수 있고 안쪽의 보석을 2개 가져올 수 있습니다. 2등은 2칸까지 움직일 수 있고 보석2개를, 3등은 1칸만을 움직일수 있고 보석 2개를 가져옵니다. 마지막 플레이어는 제자리에서 보석 2개를 가져옵니다. 이때 모래시계의 제한 시간 안에 풀지 못하면, 보석을 가져올 수 없습니다. 한 번의 라운드가 종료되면, 새로운 타일을 각각 받고, 같은 방식으로 총 9라운드를 진행합니다.

01

02

03

출처: divedice.com
♣동영상추천: https://youtu.be/nTeTvZ2Gto0 QR 코드

## 3. 교육 연계활동

아이들은 어릴 적부터 숫자와 함께 도형과 구조물 맞추기 놀이를 하는데 여기에는 다양한 종류와 상품이 있지요. 그런데 부모나 교사들은 아

이들이 도형과 모형 만들기 놀이를 왜 해야 하는지 이유를 잘 모르는 경우가 많습니다.

도형을 이해하고 측정하는 것은 단지 수학적인 공간력과 정확성을 기르기 위해서 뿐만 아니라, **공간에 대한 이해를 도모하고, 공간 설계와 전략을 짜기 위해서도** 매우 중요합니다. 예를 들어 자녀가 만일 도시 설계자 혹은 건축 설계자가 되기 위해서는 공간과 측정을 정확하게 해야 하겠지요. 또한 공간 도형 및 패턴 인식 기능은 하드웨어뿐만 아니라, 알고리즘이나 데이터 구조화 개념에 필수적인 컴퓨터 프로그래밍에도 중요합니다. 만일 자녀가 공간 인테리어나 디자이너가 되려면 예술적인 감각과 함께 도형과 공간을 정확하게 이해해야 할 것입니다. 만일 자녀가 군 전략기나 교통, 환경 혹은 여행 전문가가 되기 위해서는 공간이동에 대한 개념과 패턴을 어릴 적부터 체득하는 것이 좋습니다.

공간과 도형에 관한 대표적인 게임으로는 몰펀(Morphun)과 맥포머스(Magformers)를 예로 들 수 있지요. 몰펀은 사각형, 삼각형 그리고 원의 블록접합을 통해 다양한 곡선과 구의 모델을 형성할 수 있습니다. 특히 몰펀의 십자링크는 블록들을 상하좌우로 연결시킬 수 있고, 수직과 수평 혹은 직각방향으로 조립이 가능하여 다양하고 창의적인 구성 모델을 만들 수 있지요. 맥포머스 또한 자석을 통해 다양한 형태를 결합시킬 수 있어 아이들이 입체적이고 창의적인 조형능력을 키우는 데 도움을 줄 수 있습니다. 최근 상품에는 건전지를 이용하여 움직이거나 빛을 낼 수 있도록 다양하게 구성되어 있습니다. 이외에도 아이들은 테트리스(Tetris)나 칠교놀이를 통하여 재미 삼아 다양한 조형능력을 연습할 수 있지요.

[몰펀과 맥포머스를 이용한 도형놀이]

## 4. 발달장애 및 학습부진 아동교육

"손은 제2의 뇌이다."라고 주장하는 뇌 과학자[3]가 있지요. 손을 자주 움직이며 사용하는 것은 뇌 발달뿐만 아니라 사물의 조형능력을 길러주는데 도움을 줄 수 있습니다. 손은 뇌가 내리는 명령을 수행하는 운동기관일 뿐만 아니라 뇌에 가장 많은 정보를 제공하는 감각기관입니다. 사실 손을 제대로 사용함으로써 인류는 창의적인 사고를 통해 점차 문명을 발전시킬 수 있었지요. 아이들도 마찬가지로 어릴 적부터 손으로 조형물을 만지고 조작함으로써 두뇌활동을 계발시킬 수도 있습니다.

발달장애 아이들도 물건을 조립하고 분해하는 과정에서 조형능력과 구성력을 키울 수 있습니다. 또한 아이들이 어느 정도 집중력이 있다면 바둑이나 체스와 같은 공간 활용능력을 초등학교 방과후 활동을 통하여 가르쳐 주는 것도 좋습니다. 특히 바둑은 성인들에게도 어렵다는 인식이 있지만 의외로 규칙이 간단하며 발달장애아 중에서도 놀라운 집중력과 재능을 보여주는 아이들도 있지요. 근래에는 바둑 챔피언 이세돌 9단과 구글 딥마인드(Google DeepMind)의 인공지능 바둑 프로그램 '알파고(AlphaGo)'의 대국이 열려 전 세계인들의 관심을 받았습니다. 체스는 이미 지난 1997년 컴퓨터에 정복당한 반면 바둑은 그 복잡성으로 인해 컴퓨

3) 구보타 기소우(2014). *손과 뇌(손은 외부의 뇌이다)*. 바다출판사

터 인공지능이 도전하기에는 너무나 어려운 게임이었지요. 바둑의 규칙은 매우 간단한데, 바둑판 위 흰 돌과 검은 돌을 번갈아 놓으며 상대편의 돌을 들어내거나 공간을 둘러싸 '집'을 만드는 것이 목표입니다. 체스는 말을 움직이는 방법이 정해져 있지만, 바둑은 자유롭게 돌을 놓기 때문에 컴퓨터가 고려해야 하는 경우의 수는 체스와 비교해 기하급수적으로 늘어납니다. 아이가 어릴 적부터 전통적인 보드게임인 체스나 바둑을 꾸준히 즐긴다면 공간지능 향상에 큰 도움이 될 것입니다.

[알파고와 이세돌의 바둑대전]

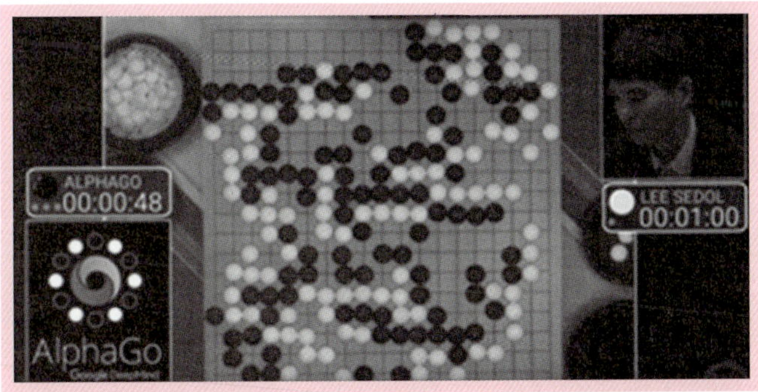


출처: www.instiz.net

Part 2 보드게임 활용

[ 초등학생 대상 ]

[ 추리와 도전 ]

# 2-4. 아브라카 왓? (Abraca What?)

## 1. 게임 키워드 - 마법사들의 한판 승부

[아브라카 왓]은 마법이라는 흥미로운 요소를 통해 수학적 추리를 할 수 있는 보드게임입니다. [다빈치코드]가 타일의 색깔과 배열 위치를 통해 숫자 추리에 집중된 게임이라면, [아브리카 왓]은 게임 플레이어가 마술사가 되어 한 판 승부를 펼치는 극적인 모티브로 구성된 것입니다. 그래서 자기 차례가 되면 최소한 주문 하나는 외쳐야 하는데 이때 주문의 이름을 극적으로 외치면 더 재미있습니다. '번개폭풍'이나 '불덩이 작

렬'을 특유의 포즈와 함께 과장하여 외치면 아이들이 훨씬 재미있게 몰입하며 추리게임을 즐길 수 있지요.

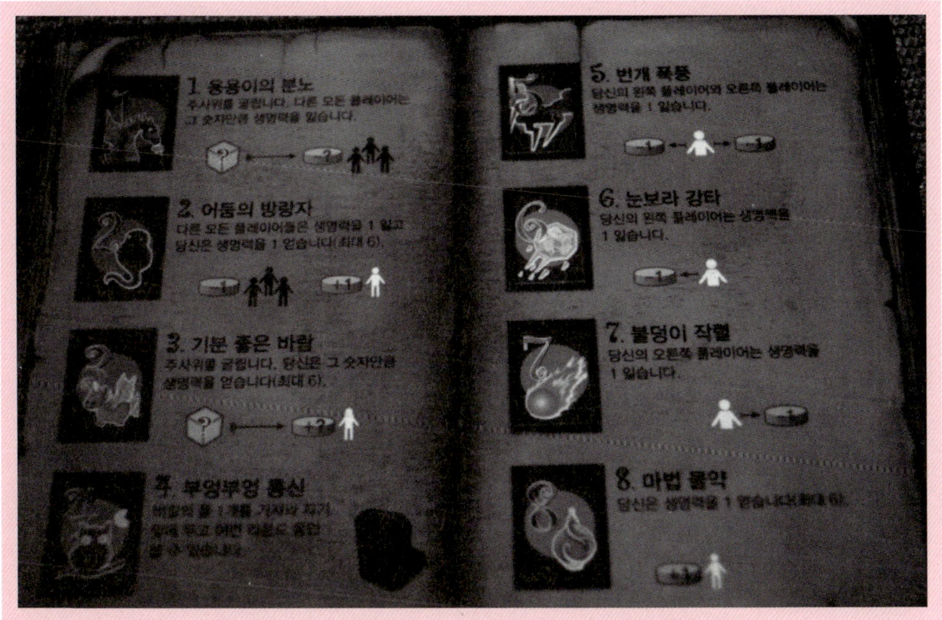


이 게임에서는 8가지의 마법 주문을 통해 강력한 드래곤을 소환하거나, 불덩어리를 날리거나, 마법 물약을 만들어 부상을 치료할 수 있습니다. 마법 주문은 숫자번호가 낮을수록 효과가 강력한데, 예를 들어 1번 마법의 돌은 1개뿐이지만, 주사위를 굴려 나온 수만큼 모든 플레이어들의 생명력을 빼앗을 수 있지요. 이 게임의 초기에는 마법의 돌을 찍기에 가깝지만, 게임 중 단서가 늘어나면 점점 정교하게 추리할 수 있습니다. 하지만 게임에서 항상 빠지는 4개의 '비밀의 돌'이 있기 때문에, 완벽하게 맞출 수는 없지요. 결국 어느 순간에는 도전적으로 주문을 외쳐야 할 때가 생기는데, 이것이 이 게임 플레이어들에게 가장 큰 긴장감을 줍니다.

## 2. 게임 방법

**승리요건:** 마법의 돌에 표시된 주문을 외워 경쟁자를 쓰러뜨리거나 자신에게 주어진 마법의 돌의 주문을 모두 맞혀 어떤 플레이어가 8점에 도달하면 게임은 종료되고 그 플레이어가 승리합니다.

**순서와 규칙:** 게임 준비를 위해 우선 36개의 마법의 돌을 그림이 보이지 않도록 뒤집어 잘 섞습니다. 각 플레이어는 자신의 색깔을 정한 후, 색깔에 알맞은 한 개의 점수 토큰과 5개의 생명력 토큰 그리고 5개의 마법의 돌을 가져 옵니다. 이때 가져온 마법의 돌은 자신은 보지 못하고, 상대방이 볼 수 있도록 뒷면이 자신을 향하도록 앞에 세워 놓습니다. 또한 4개의 돌을 따로 빼 놓고, 이것을 '비밀의 돌'이라고 지칭합니다.

본격적으로 게임이 시작되면, 자신의 차례에 주문을 하나 외울 수 있습니다. 주문은 1번부터 8번까지 있는데, 1번 주문이 새겨진 마법의 돌은 1개, 8번 주문이 새겨진 마법의 돌은 8개가 있습니다. 이때 다른 플레이어가 이미 사용한 마법의 돌을 보고 돌의 개수를 추론하여 자신이 사용할 주문을 잘 선택해야 합니다. 주문에 성공한 플레이어는 계속해서 주문을 외울 수 있고, 실패한 경우에는 생명력 토큰을 잃게 되는데, 주문 요약시트에 적힌 대로 상과 벌칙을 얻게 됩니다. 라운드가 시작할 때 따로 빼 놓은 비밀의 돌은 마법의 돌 4번 '부엉부엉 통신'을 통해서만 1개 가져와 볼 수 있습니다. 자신의 차례가 종료되면 가운데에 놓여있는 마법의 돌을 가져와 다시 5개가 되도록 채웁니다.

어떤 플레이어가 자신의 토큰을 모두 잃어버리거나, 자기 앞에 놓인 마법의 돌을 모두 사용하여 없앴을 경우 한 라운드는 종료되고, 모든 플레이어는 점수 계산을 합니다. 계산법은 아래와 같으며 계산 후, 8점에 도달한 플레이어가 없다면 모든 마법의 돌을 다시 섞고 새로운 라운드를 시작합니다.

- 3점 – 상대방 플레이어의 마지막 생명력 토큰을 제거하거나 자신의 마법의 돌을 모두 없앤 경우
- 1점 – 생명력 토큰을 가지고 있을 경우
- 개당 1점 – 비밀의 돌을 가지고 있을 경우
- 0점 – 자신의 생명력 토큰을 모두 잃어버린 경우

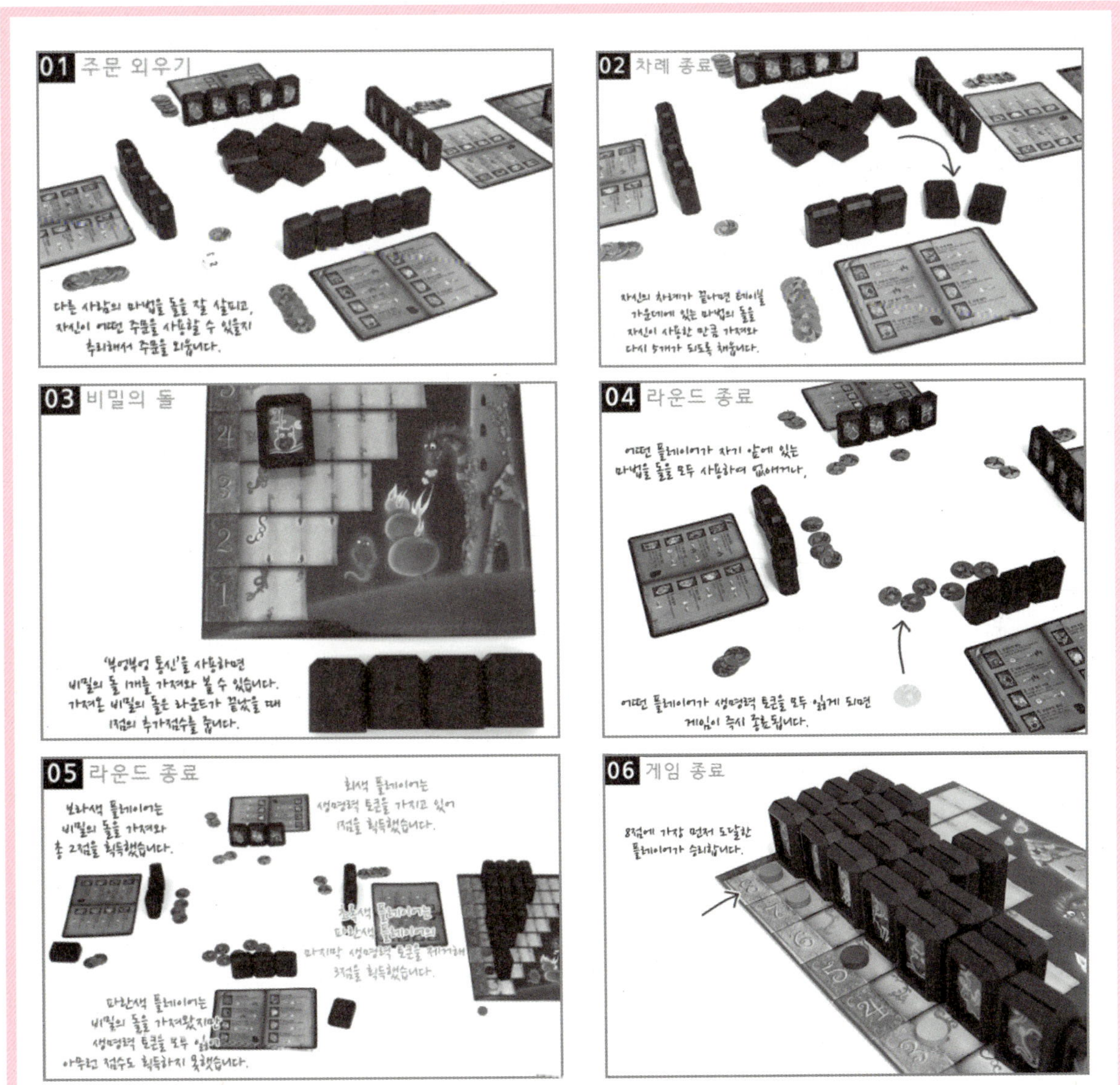


출처: 코리아보드게임즈(http://www.koreaboardgames.com)
♣동영상추천: https://youtu.be/3COWUNjHA0I

## 3. 교육 연계활동

아이들은 왜 마술놀이에 쉽게 빠져 들까요? 사람들은 마술(Magic)이 눈속임으로 분명 가짜인 줄 알지만, 그 기술에 모두가 놀라지요. 마술쇼에서 아이들뿐만 아니라, 어른들이 입을 크게 벌리고 멍하게 바라보는 모습이 더 재미있습니다. 잠시나마 지겨운 현실을 잊고 상상력에 빠져 들 수 있기에 마술은 누구나도 쉽게 친숙해 질 수 있는 소재입니다. [아브라카 왓]은 바로 이런 마술의 환상적인 소재를 이용한 보드게임입니다. 그래서 다른 일반 보드게임과는 달리 색상이나, 디자인이 매우 독특하고 다채롭게 구성되어 있지요. [다빈치코드]처럼 자칫 수학적인 계산에만 골몰하여 '확률과 추리의 흥미'를 잃어버릴 수 있는 것을 [아브라카 왓]은 마법이야기라는 소재를 통해 극복하였지요.

어린이들을 위해 마술을 소재로 만든 소설책과 영화가 바로 해리포터(Harry Potter) 시리즈입니다. 환상적인 마법사 이야기를 통하여 아이들을 상상의 세계로 이끌어 줍니다. 특히 아이들이 마술을 주문하며 사용하는 막대기(Magic stick)는 강력한 힘과 능력을 선사하지요. 아이들이 관심이 많은 해리포터 영어책이나 영화를 통하여 영어실력을 높일 수 있을 뿐만 아니라, 마법사이야기를 통해 상상력을 자극할 수 있습니다. 또한 마술상자 도구 등을 이용하여 부모들과 아이들이 재미있게 마술 놀이를 할 수 있지요. 물론 아이들도 마술은 눈속임이란 사실을 점차 알게 되지만, 부모들의 놀란 반응과 격려를 통하여 아이들은 재미를 느끼고 행복해 합니다.

[해리포터의 매직봉과 마술상자 도구]

[아브라카 왓] 보드게임을 통하여 아이들은 또한 '수학적 추리와 확률'이라는 개념을 자연스럽게 익히게 됩니다. 우선 자신의 마법의 돌을 확인하지 못한 상태에서 상대의 것만을 통해 전체적인 숫자와 경우의 수를 가늠하게 되지요. 상대가 갖고 있는 마법의 돌 중에서 마법물약이 8개, 불덩이 작렬이 7개, 그리고 눈보라 강타가 6개 등 각각 있기 때문에 위의 주문을 차례대로 외치는 것이 확률상 유리하지요. 그러나 비밀의 돌이 항시 4개 놓여져 볼 수 없기 때문에 예외의 경우가 존재합니다. 그렇다고 마구잡이로 마법을 외쳐서는 안되며 추리를 통하여 계산해야 하지요.

## 4. 발달장애 및 학습부진 아동교육

추리력을 요구하는 이 보드게임은 얼핏 보기에 발달장애나 학습능력이 낮은 아이들에게는 어렵고 알맞지 않을 거라 생각할 수 있습니다. 그러나 의외로 아이들은 쉽고 재미있게 참여할 수도 있으니 부모가 성급히 판단을 내려서는 안됩니다. 재미있는 그림과 신나는 주문놀이는 아이들에게 한층 즐거움을 선사할 수 있지요. 만일 부모나 교사가 아이가 주문을 맞출 때마다 극적인 반응을 보인다면 더욱 흥미롭게 참여할 수 있습니다.

그러나 안타깝게도 대부분의 자폐증상아나 아스퍼거 성향의 아이들에게는 상상력이 부족하고 자기세계 속에서 나오지 않고 살아가는 경우가 대부분입니다.[4] 새로운 학습과 시도를 통하여 창의적인 생각을 하기보다는 완벽주의에 가까운 자기만의 방식을 고집하는 경우가 많지요. 그래서 발달장애아들은 상상력을 요구하는 창작동화책을 읽더라도 그 내용을 잘 이해하지 못하는 경향이 있습니다. 부모와 교사들은 아이의 이런 특성을 잘 이해하여 아이를 다그치지 말고 독서를 지도해야 할 것입니다. 즉, 동화내용을 확인하듯 질문하지 말고, **주인공이나 주제에 관련된 이야기를 아이가 스스로 말할 수 있도록** 기회를 주고 격려해야 할 것입니다.

4) 패트리샤 하울린(Patricia Howlin)(2002). *자폐증과 아스퍼거증후군 아동*. 시그마프레스

[ 과학, 발견 & 발명 ]

# 2-5. 타임라인(Time line)

## 1. 게임 키워드 - 발견과 발명

우선 [타임라인] 보드게임을 숙지하기 위해서 '발견과 발명의 차이'를 정확하게 이해할 필요가 있습니다. 발견은 이미 존재하고 있었던 것을 여태 모르다가 기술의 발전과 모험을 통해 그 존재가 밝혀지는 것을 말하지요. 예를 들어, 과학적인 발견으로 비타민, 태양의 흑점 혹은 병원

균의 발견을 말합니다. 콜럼버스의 신대륙 발견과 같은 지리적인 발견도 포함됩니다. 이와 달리 **발명**은 이전에는 존재하지 않았던 물건을 새롭게 창조해서 만들어내는 것을 말합니다. 예를 들어 화약이나 종이의 단순한 것부터 비행기나, 컴퓨터의 복잡한 것에 이르기까지 기술적인 발명 등을 말합니다.

[타임라인–과학과 발견]에는 혈액형, 광합성, 만유인력 등 과학적 발견에서부터 아메리카 신대륙 및 핼리혜성 등 지리적 발견에 해당하는 연도가 적혀 있습니다. 이와 비슷한 시리즈 제품으로 [타임라인–발명]에는 마찰 성냥, 청진기, 백열전구 등 비교적 단순한 것에서부터 기관차나 텔레비전 등 복잡한 원리의 발명에 이르기까지 다양한 항목들의 연도가 적혀 있지요.

이 카드게임을 통하여 아이들은 초등학교에서 배우는 사회와 역사 그리고 과학과목의 핵심어와 배경지식을 자연스럽게 접할 수 있습니다. 비록 [타임라인]은 해당 연도를 기준으로 발명품이나 발견사항이 단순하게 카드에 나타나 있지만, 이것이 왜 역사적으로 중요한 사실인지 탐구하고 공부할 수 있도록 흥미를 자극할 수 있는 게임입니다.

## 2. 게임 방법

**승리요건:** 자신이 받은 카드를 이용하여 중앙에 적힌 연도의 앞뒤에 알맞게 한 장씩 내려놓고 먼저 모두 소모시키면 승자가 됩니다.

**순서와 규칙:** [타임라인–과학과 발견]과 [타임라인–발명]의 카드내용은 서로 다르지만, 플레이 방식은 동일합니다. 우선 둘 중에 하나를 선택하여 카드 110장을 잘 섞어 연대가 적힌 면이 보이지 않게 뒤집어 가운데에 놓습니다. 각 플레이어는 카드 4장씩을 받아 자기 앞에 놓고, 카드더미 맨 위의 한 장을 연대가 보이도록 놓습니다.

자기 차례가 되면 카드 중 한 장을 테이블 가운데 놓여진 카드 열에 맞추어 놓게 되는데, 이때 놓여진 카드들의 연대 순서에 맞도록 놓아야 합니다. 자신이 내 놓은 카드연대가 먼저라고 생각되면 중앙 카드의 왼쪽에, 더 이후라고 생각한다면 오른쪽에 놓습니다. 이후, 카드를 뒤집어 연대를 확인하고 맞추었다면 카드를 그대로 두고 다음 플레이어에게 차례를 넘깁니다. 만일 틀렸다면 이미 사용한 카드는 버리고, 더미에서 새로운 카드 1장을 가져옵니다. 누군가 자신의 카드 전부를 내려놓고 맞추었다면 이번 차례의 마지막 플레이어가 마칠 때까지 기다린 후 게임이 종료됩니다. 만일 같은 차례에 두 사람 이상이 카드를 모두 내려 놓았다면, 승부가 날 때까지 계속 카드를 한 장씩 가져와 대결합니다.

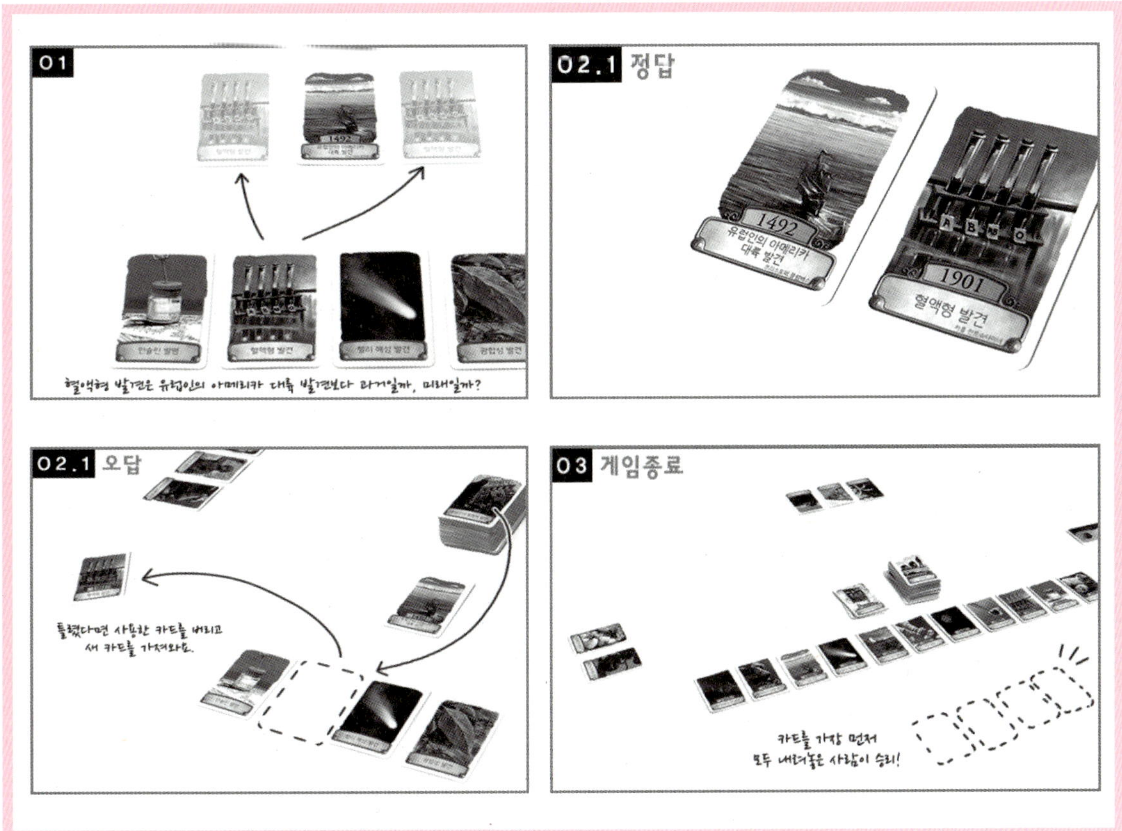


출처: 코리아보드게임즈(http://www.koreaboardgames.com)

♣동영상추천: https://youtu.be/F5JStgjDvFo QR 코드

## 3. 교육 연계활동 - 이미지 연상 게임

타임라인 형태의 보드게임을 잘 하기 위해서는 단순히 연도를 암기하는 것보다는 **해당 주제에 알맞게 이미지와 함께 연상하며 암기하는 것**이 매우 중요합니다. 즉, 단순한 숫자 암기가 아니라, 해당정보의 모든 것을 연결하고 연상하며 암기력을 강화시키는 방법입니다.

아이들은 어떤 특정한 색채나 모양을 보았을 때 그것과 관련하여 여러 가지 이미지를 연상하게 됩니다. 이미지 연상훈련을 위한 가장 일반적인 방법이 바로 세계 국기를 이용하여 나라이름과 수도를 매칭시키는 것이지요. 아래 그려진 국기는 순서대로 왼쪽에는 영국과 호주, 뉴질랜드, 가운데에는 러시아, 프랑스, 네덜란드 그리고 오른쪽에는 핀란드, 노르웨이, 스웨덴이 각각 놓여져 있습니다. 색깔과 모양이 비슷하여 부모들도 쉽게 혼동하지요.

이때 가장 중요한 점은 나라별로 왜 이렇게 그려져 있는지 설명해 주는 방식입니다. 영연방국와 삼색기, 기독교의 십자가와 이슬람교의 초승달과 별을 중심으로 나누어 설명해 주면 좋습니다. 올림픽 심벌 또한 색으로 대륙을 구분한 것으로 파랑은 유럽(파란색바탕의 유로국기), 노랑은 아시아(황인종), 검정은 아프리카(흑인), 초록은 오스트레일리아(초록색 바다), 빨강은 아메리카 대륙(빨강바탕의 미국국기)을 상징한다는 것을 적절한 비유를 통하여 설명해 줍니다.

[각 나라의 국기와 올림픽 심볼]

이미지 연상과는 별도로, 이 보드게임과 관련하여 부모나 교사가 초등생에게 교육해야 할 중요한 점은 **과학의 발견과 발명에 관한 배경조사를 하고 실제로 탐구하는 것**입니다. 카드에 적힌 단어 중에 아이들이 흥미 있는 것을 골라서 부모와 교사가 함께 주제를 탐구하는 것도 좋습니다. 간단한 실험을 하거나 박물관에 가서 조사하고 경험하는 것이 가장 기억에 오래 남지요.

단순히 발견과 발명의 연도를 암기하는 것뿐만 아니라, 그것이 왜 인류 역사상 중요한 발견 혹은 발명인지를 아이들에게 알려주어야 합니다. 예를 들어 다윈의 진화론이나 코페르니쿠스의 지동설 혹은 콜럼버스의 아메리카 대륙 발견은 세계의 대 전환을 가져온 것이기 때문에 자세한 이야기를 통해 설명이 필요하지요. 만일 초등학교에서 이 게임을 사용하여 자료조사를 수행하고, 팀 별로 주제어를 통하여 발표시킨다면 매우 훌륭한 심화 학습과정이 될 것입니다.

## 4. 발달장애 및 학습부진 아동교육

발달장애아 중에 매우 놀라운 암기력을 갖고 있는 경우를 종종 발견할 수 있습니다. 비록 사회적 대인관계나 공감력은 부족하다 할지라도 사물을 그림이나 이미지를 통해 마치 사진을 머릿속에 찍은 것처럼 정확하게 기억하는 아이들이 있지요. 물론 드문 경우이지만, 자폐증이나 아스퍼거 성향의 아이들은 분명히 우뇌의 기억력이 매우 강한 특성을 보여줍니다.[5] 그래서 어떤 아이들은 [타임라인]과 같은 카드로 제작된 보드게임을 매우 잘 할 수도 있습니다. 특히 각각의 카드에 그려져 있는 이미지와 숫자를 정확하게 기억하여 부모나 교사들을 놀라게 만들 수도 있지요. 또한 각 나라의 이름과 국기의 이미지를 손쉽게 맞출 수도 있습니다.

---

5) 에란 카츠(2008). *슈퍼기억력의 비밀*. 황금가지

부모와 교사들은 이 카드게임을 진행하면서 과학적 발견과 발명을 매우 상세하게 설명해줄 필요가 있습니다. 아이들이 관심 있는 소재를 중심으로 흥미를 유도하고, 아이 스스로 그 내용을 찾아 보도록 격려해주는 것이 좋습니다. 이 카드에는 인체에 관한 내용뿐만 아니라 생물, 자연현상, 그리고 기계 등에 이르기까지 다양한 소재가 제시되어 있으므로 아이들이 단순히 연도를 암기하는 것 이상으로 과학적 흥미를 줄 수 있어야 합니다.

[ 한글 단어연상 ]

# 2-6. 블릿츠(Blitz)

## 1. 게임 키워드 - 스피드 단어 연상

'끝말잇기 게임'이 단어의 마지막 말로 계속해서 연결하는 단순한 방식이라면, [블릿츠]는 단어 게임을 더욱 정교화하여 카드에 적힌 단어를 스피드(Speed)하게 연상하도록 만든 카드게임입니다. 언어의 카테고리, 즉 범주화를 중심으로 상위개념의 단어를 통하여 이에 속한 하위개념의 단어를 익히는 것은 매우 중요합니다. 예를 들어, 경찰에 관련된 연상어 혹은 하위개념의 단어는 무엇일까요? 경찰차, 경찰서부터 시작해서 수갑과 가스총 등 다양하게 제시될 수 있습니다. 병원에 관련된 단어도 다양하게 나타낼 수 있지요.

[블릿츠] 카드게임을 통하여 아이들은 자연스럽게 카드에 적힌 단어와 연상하여 관련된 단어를 익히게 됩니다. 곤충, 포유류, 개의 종류에서부터 자동차 브랜드, 컴퓨터 부품, 올림픽 종목에 이르기까지 다양한 주제어가 적혀 있습니다. 만일 아이가 책을 많이 읽고, 지식이 머릿속에 꽉 차있다면, 쉽게 단어를 연상할 수도 있습니다. 그러나 중요한 것은 지식이 많은 것 자체가 아니라, 상위 및 하위개념 별로 지식을 머릿속에 잘 정리하는 것입니다. [블릿츠]는 그런 의미에서 지금까지 배워온 단어와 지식을 아이들 스스로 정리정돈 할 수 있도록 도와주는 게임이라 할 수 있지요.

## 2. 게임 방법

승리요건: 상대방이 갖고 있는 카드의 단어나 색을 보고 이에 해당되는 단어를 빨리 말해서 카드를 가장 많이 빼앗아오는 플레이어가 승리합니다.

순서와 규칙: 카드는 60장씩 2세트로 구성되어 있으니, 한 세트를 골라 게임을 시작합니다. 우선 카드를 잘 섞어 2개의 카드더미로 나눕니다. 순서를 정하고 자기 차례가 되면 카드더미에서 카드를 열어 자기 앞에 모두가 잘 볼 수 있도록 내려 놓습니다. 이렇게 시계 방향으로 차례대로 카드를 내려 놓다가, 같은 색의 카드가 보이면 대결이 시작됩니다. 즉, 카드에 적힌 단어와 관련된 말을 먼저 말하는 것입니다. 예를 들어 상대편이 '소고기 부위'가 적힌 카드를 갖고 있다면 '안심이나 등심' 등을 외치고, '신체부위'라면 '얼굴, 팔, 다리' 등을 먼저 외치면 되지요. 이때 먼저 외친 사람이 상대방의 카드를 가져갑니다. 자신이 획득한 카드는 뒤

집어서 한쪽에 쌓아두고 게임을 계속합니다.

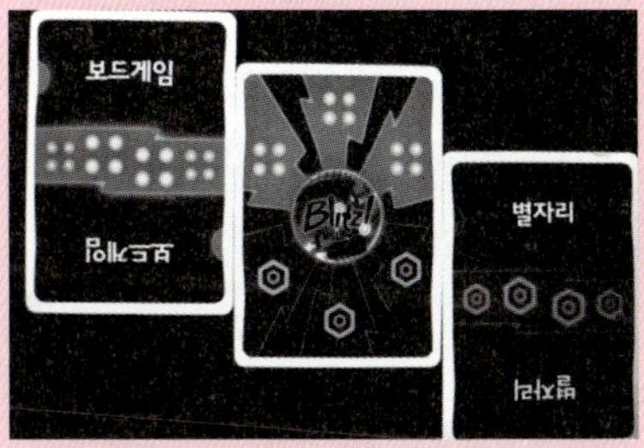


카드를 계속 열다 보면 '와일드 카드'가 나옵니다. 와일드 카드에는 2가지 색이 그려져 있는데, 2가지 색에 해당되는 카드를 갖고 있는 플레이어들 간에 대결이 시작됩니다. 예를 들어 '별자리'가 적힌 카드를 갖고 있다면 '물병자리, 전갈자리' 등을 외치고, '보드게임'이라면 '치킨차차, 도블, 로보77' 등을 먼저 외칩니다. 테이블 중앙에 카드가 모두 없어지면 게임이 종료되고, 각자 획득한 카드 장수를 확인합니다

[블릿츠] 카드게임을 좀 더 극적이고 흥미진진하게 하려면 연속대결을 적용해보는 것도 좋습니다. 즉, 자신이 얻은 카드를 덮어서 따로 놓지 않고, 자신의 카드 위에 올려놓고 게임을 계속 진행하는 것입니다. 즉, 게임을 하다가 카드더미에서 빼앗긴 카드의 아래에 있던 카드가 바로 공개되는데, 이때 색깔에 따라 다른 플레이어들과 연속 대결을 펼칠 수 있으니 끝까지 방심해서는 안됩니다. 그러다 보면, 동일한 색깔의 카드가 지속적으로 나오게 되고, 와일드 카드까지 섞여 나오게 되면 모든 플레이어는 초 집중을 해야만 자신의 카드를 지킬 수 있지요. 이때 카드를 빼앗고, 빼앗기면서 한 번 말했던 단어를 또 사용할 수 없습니다. 최후에는 가장 많이 카드를 획득한 플레이어가 승리합니다.

## 3. 교육 연계활동 - 단어 연상과 확장 활동

단어 연상이란 특정한 단어를 제시하여 그 단어로부터 관련된 의미나 개념을 기억하여 이끌어내는 것을 말합니다. 단어연상 훈련은 초등학교의 아이들이 학습한 내용과 지식을 상위개념과 하위개념을 토대로 스스로 정리하고, 분류할 수 있도록 도움을 줄 수 있습니다. 사실 도서관에서 분류되는 학문의 체계도 다를 바 없지요. 아이들이 공부하는 학과목도 마찬가지입니다. 국어, 수학, 외국어, 과학, 예술 등 모든 지식을 카테고리(범주화)시켜서 공부하는 기술이 매우 중요합니다.

단어의 개념을 정확하게 익히기 위해서는 아래 그림처럼 '가로세로퍼즐' 혹은 '십자말풀이'를 자주 이용하는 것이 좋습니다. 가로 세로 별로 번호가 붙어 있고, 이에 해당하는 단어 설명에 따라 정답을 맞추는 것이지요. 단어의 시작과 중간 혹은 끝부분에 단어 연결이 되기 때문에 힌트를 얻을 수 있습니다. 이 게임은 19세기에 개발된 것으로 알려져 있으나, 최초의 크로스워드 퍼즐이 어디서 시작했는지는 아직 의견이 분분합니다. 다만, 우리가 익숙히 알고 있는 형태가 1913년 영국 리버풀의 저널리스트인 아서 웨인(Arthur Wynne)이 뉴욕 월드지에 출판한 워드크로스(word-cross) 퍼즐이 오늘날과 같은 유사한 것임을 알 수 있지요.

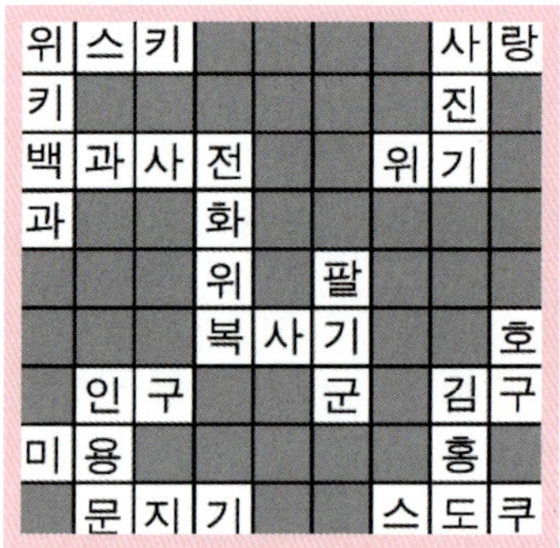


출처: Wikipedia.org

이외에도 아이들이 여러 명이 있다면, 가장 일반적이고 재미있는 단어 놀이는 제한된 시간 안에 상대로부터 설명을 듣고 단어를 맞추는 스피드게임입니다. 단어의 난이도를 적절하게 배치하고 팀 별로 승부를 가를 수 있지요. 즉, 제한된 시간 안에 가장 많은 단어를 맞추는 팀이 승리합니다. 이것은 단어를 설명하는 표현력이나 이해력을 높여주는데 큰 도움이 됩니다. 특히 단어의 개념을 사전이나 책으로만 이해하는 것이 아니라, 상대방에게 표현을 통하여 알려주는 것은 '의사소통 능력'에 큰 도움을 줄 수 있지요.

한글 단어를 수월하고 완벽하게 공부할 수 있는 기초를 닦기 위해서는 초등학교 저학년 기간부터 한자어를 가르쳐 주는 것이 매우 중요합니다. 초등 교과목에 사용된 한글 어휘는 고학년이 될수록 점차 한자에서 사용된 추상적 개념을 사용하게 됩니다. 단지 국어과목뿐만 아니라, 사회, 역사 그리고 수학과 과학에서도 개념을 나타낼 때는 한자어를 사용하지요. 등식(等式), 방정식(方程式), 함수(函數)의 수학용어에서부터 광합성(光合成), 만유인력(萬有引力) 등 과학의 대부분의 용어 또한 한자어로 쓰입니다. 그렇기 때문에 **어릴 적부터 한자어에 익숙한 아이들은 추상적 개념을 쉽게 받아들이며 이해할 수** 있습니다.

어린 아이들에게 한자를 가르칠 때 특히 주의할 점은 처음에는 아이들이 한자를 글자가 아닌, 모양으로 재미있게 인식하도록 내버려 둔다는 점입니다. 아이들은 한자를 재미있게 생긴 그림이라고 생각하기 때문에 처음부터 음과 훈을 강조하며 암기시키는 것은 아이의 흥미를 자칫 감퇴 시킬 수 있지요. 또한 아이들이 어느 정도 한자 급수를 따고 실력이 늘어나면, 교과목에 나온 한자어 용어를 직접 살펴보고 음과 훈을 연습시켜 주는 것이 매우 중요합니다. 그래야만 아이들이 한자어에 따라 개념을 쉽게 이해할 수 있지요. 예를 들어, 아래 단어를 이용하여 어부, 이비인후과, 화분, 신체, 지리, 승마, 모정, 남성, 심정 등을 한자를 보여주면서 설명해 주면 아이들은 단어의 뜻을 쉽게 이해합니다.

[그림을 이용한 한자카드]

## 4. 발달장애 및 학습부진 아동교육

발달장애아는 구어체의 유창성이나 표현력에는 약할 수도 있지만, 문어체의 정확성에는 매우 민감하고 고차원적인 성향을 보입니다.[6] 그래서 워드크로스(word-cross) 퍼즐이나 언어게임에는 매우 높은 성적을 보여줍니다. '끝말잇기 게임'인 [블릿츠] 보드게임도 잘 할 수 있지요.

그런데 문제는 발달장애아는 대부분 시간의 압박감을 지나치게 갖고 있다는 점입니다. 평범한 아이들에게는 스피드(Speed)한 게임은 부담없고 오히려 흥미를 증폭시키는 반면, 발달장애아에게는 엄청난 스트레스로 작용할 수 있습니다. 이 점을 감안하여 부모나 교사들이 지도하고, 아이들이 잘 할 때마다 격려해준다면 언어발달에도 큰 도움을 줄 수 있습니다.

6) 토마스 웨스트(2009). *글자로만 생각하는 사람, 이미지로 창조하는 사람*. 지식갤러리

[ 영어 단어연결 ]

# 2-7. 스크래블 주니어 (Scrabble Junior)

## 1. 게임 키워드 - 영어 단어놀이

초등 저학년 아이들에게 영어단어를 받아쓰게 하고 스펠링을 가르쳐주면 아이들은 별로 내키지 않게 반응하거나 또한 잘 기억하지도 못합니다. 이것은 아마도 아이들이 영어단어 자체에 익숙하지 않거나, 영어 발음과 스펠링이 제대로 매칭되지 못하면 어렵다고 생각하기 때문이지요. 요즘에는 도심의 길거리나 상점에 영어 단어가 많이 쓰여져 있어 아이들도 기본적인 영어 철자 정도는 알고 있습니다. 그러나 초등학교 영어 교과서에서 사용하는 단어를 충분히 익히기 위해서는 초반부터 영어단어를 즐겁고 재미있게 익힐 필요가 있습니다. 영어 단어를 정확하게 읽고 발음하는 것은 영어의 기초가 될 뿐만 아니라, 읽기와 쓰기 능력에도 직접적인 연관이 있지요.

[스크래블 주니어] 게임은 보드 판에 해당 단어의 이미지가 그려져 있어 영어 초급수준의 아이들에게도 적합한 게임입니다. 아이들이 금방 알아챌 수 있는 Jelly, Cake, Fish, Zebra 등의 그림이 그려져 있고 스펠링을 정확하게 맞추면 점수를 얻을 수 있지요. 만일 아이가 영어 단어와 스펠링을 수준 높게 알고 있다면 부모와 함께 크로스워드 퍼즐게임을 진행해 보길 바랍니다. 영어 사전을 옆에 놓고 스펠링을 확인하면서 게임을 진행하는 것도 좋습니다. 중요한 것은 아이가 게임을 진행하는 동안 영어단어를 스스로 확장시키고, 그 뜻을 정확하게 이해하면서 동시에 기본적인 짧은 문장을 만들어 낼 수 있다면 금상첨화일 것입니다.

## 2. 게임 방법

**승리요건:** 알파벳 칩으로 정해진 단어를 마지막으로 채워 점수 칩을 획득하거나, 파란칩과 빨간칩을 모두 뒤집어 나온 숫자들을 모두 더한 값이 가장 큰 사람이 승리합니다.

**순서와 규칙:** 이 게임에는 두 가지 방식이 있습니다. 첫째로, 레벨이 낮은 방식으로 영어를 처음 배우는 초등학교 1~3학년에게 알맞게 구성된 것인데, 그림 판에 그려진 알파벳에 따라 사용하는 방법이 있지요. 우선 게임 판의 알파벳과 그림이 있는 부분을 펼치고, 타일 주머니 속에서 타일을 5개씩 무작위로 뽑아갑니다. 각 플레이어는 자신이 갖고 있는 타일 중 두 개를 골라 게임 판에 올려 놓고 싶은 단어의 알파벳 위에 둡니다. 그리고 두 개의 새로운 타일을 가져와서 항시 다섯 개의 타일을 유

지합니다. 아래 오른쪽 그림처럼 만일 어떤 플레이어가 타일을 놓아 하나의 단어를 마지막으로 완성시키면(wal에서 l을 마지막으로 놓은 경우) 상으로 파란 점수 칩 하나를 받게 됩니다. 최종적으로 모든 알파벳이 채워지면 게임이 끝나고 가장 많은 점수 칩을 얻은 플레이어가 승리합니다.

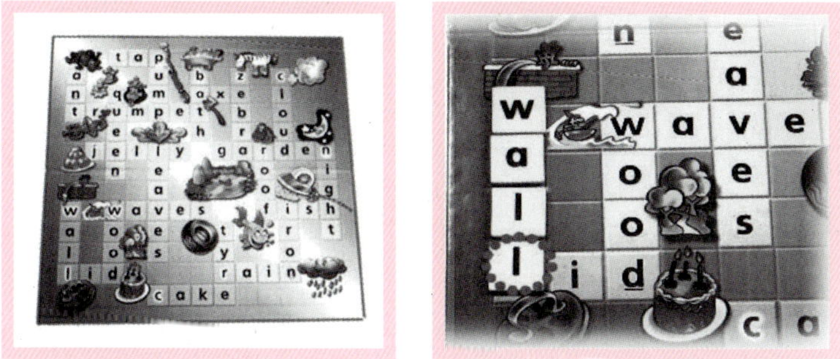

출처: 코리아보드게임즈(http://www.koreaboardgames.com)

두 번째 방식은 자유롭게 크로스워드 퍼즐(crossword puzzle)방식으로 자신이 아는 단어를 사용해서 게임을 진행합니다. 이 방식은 영어단어를 기본적으로 알고 있는 초등학교 4~6학년에게 알맞은 방식입니다. 우선 게임 판에서 알파벳이 없는 파란색과 빨간색 칸을 펼치고, 각 플레이어별로 다섯 개씩 알파벳 타일을 뽑으면서 게임을 시작하고, 한 번에 놓은 타일의 개수는 제한이 없습니다. 놓은 타일이 빨간색이나 파란색 칸에 놓이게 되면 그때마다 플레이어는 해당되는 색깔과 수만큼 점수 칩을 가져갑니다. 다음 플레이어는 이미 놓아져 있는 타일을 하나이상 사용하여 새로운 단어를 만들어 나갑니다. 아래 그림을 예로 들면, 한 플레이어가 are을 동시에 놓아 빨간색과 파란색 점수 칩을 각각 1개씩 얻고, 다음 플레이어가 여기에 붙여서 doo를 올려놓아 파란색 점수 칩 한 개를 얻게 된 모습입니다. 이때 점수 칩을 뒤집어서 번호가 보이지 않게 하고, 행운에 따라 숫자가 낮은 번호 혹은 높은 번호를 한 개씩 가져 갑니다.

타일 주머니가 비어있는 상태로 한 플레이어가 타일을 더 이상 놓을 수 없게 되거나, 새로운 단어를 만들어 낼 수 없을 경우 게임은 끝나고, 파란칩과 빨간칩을 모두 뒤집어 나온 숫자들을 모두 더한 값이 가장 큰 사람이 승리합니다.

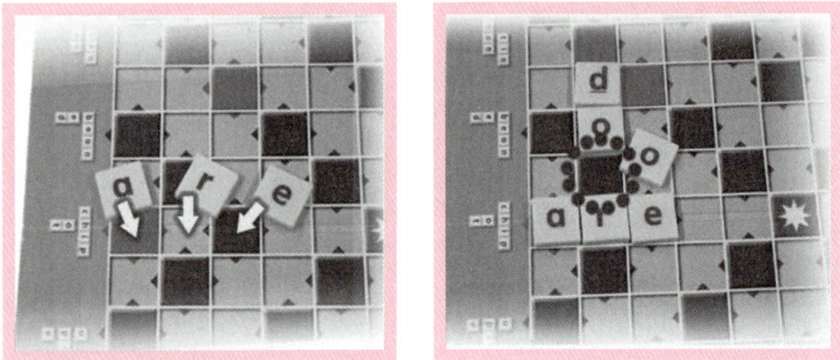

출처: 코리아보드게임즈(http://www.koreaboardgames.com)
♣동영상추천: QR 코드 붙임

## 3. 교육 연계활동

[스크래블 주니어] 영어 보드게임은 우선 수준별로 나뉘어져 있습니다. 이미 정해진 단어를 중심으로 알파벳을 자연스럽게 익히는 방식이 있고, 크로스워드 방식을 이용하여 새로운 단어를 각자 만들어나가는 방식이 있지요. 또한 파란색과 빨간색 점수 판을 배치해 놓거나, 점수 칩의 번호를 각각 달리하여 영어 단어 실력차이가 나더라도 행운적인 요소로 말미암아 게임자가 자만하거나 쉽게 포기하지 않도록 장치를 해 놓았습니다.

만일 아이가 영어수준이 매우 낮거나 초보일 경우에는 1인용 영어학습 교구인 [마이 퍼스트 스크래블]을 추천합니다. 테마와 난이도 별로 단어를 익힐 수 있으며, 단어 카드에 있는 그림대로 알파벳 타일을 올려 놓아야만 합니다. 다른 알파벳을 올려 놓으면 타일이 제대로 끼워 지지 않습니다. 영어 단어를 익히기 위해서 알파벳 별로 기초 단어를 정리해놓은 [알파북스]도 좋습니다. 여기에 나온 단어의 알파벳을 노트에 쓰거나, 영어자석놀이를 하면서 아이들과 놀이를 진행한다면 더욱 바람직한 학습법이 될 것입니다.

[기초적인 스크래블과 알파벳 북]

초등과정의 영어공부는 부모나 교사가 생각하기에 매우 쉽고, 기초적인 과정이라 생각하기 쉽습니다. 그러나 이 시기에 영어의 단어나 발음, 그리고 듣기와 읽기 실력이 뒷받침 되지 않으면 나중에 영어 과목 때문에 곤혹을 치르기 쉽지요. 영어는 초등학교 과정기간에 탄탄하게 실력을 쌓아나가야 합니다. 그렇다면, 초등학교 영어교육에는 어떤 중요한 점들이 있을까요? 우선 다음 몇 가지 기본적인 사항을 명심해야 하겠습니다.

유아뿐만 아니라, 초등 영어는 공부가 아니라 재미있는 놀이라는 생각을 지속시켜 주어야 합니다. 왜냐하면 아이들이 영어공부를 할 때 왜 해야 하는지 그 동기를 분명하게 느끼지 못하기 때문입니다. 우리나라가 아무리 국제화가 되었다 할지라도 실생활에서 영어를 사용하는 일은 극히 드문 일입니다. 그래서 아이들에게 영어공부를 강요하다 보면 자칫 싫증을 내거나 거부하기 십상입니다.

아이들에게 영어를 재미있는 놀이이거나 생활습관으로 만들어 주기 위해서는 우선 **'매일' 영어 동화책을 중심으로 영어듣기와 책 읽기를 병행하는 것**이 중요합니다. 매일이라고 언급했지만, 사실 이것은 일반 가정에서는 매우 어려운 일이지요. 영어듣기와 읽기가 습관화 되지 못하면, 아이들에게 영어공부란 참으로 지겨운 학습활동이 되기 쉽습니다. 영어권 국가로 여행을 하거나, 국내의 영어마을에 가는 것도 일시적이며, 그렇다고 매일 원어민이 가르치는 영어회화 학원에 보내는 것도 비용이 만만치 않습니다.

가정에서 할 수 있는 가장 가능한 방법은 다시 말해서, 영어 듣기와 영어학습교구를 통한 영어 놀이입니다. 흔히 아이들이 좋아하는 [쿵후팬더]나 [몬스터 대학교]와 같은 영어 만화 DVD를 반복하여 영어자막을 보면서 부모와 함께 시청하는 것도 좋은 방법입니다. 이때 아이들이 한글 자막으로 보여달라고 조를 경우에는 부모가 엄격히 제한을 두는 것이 좋습니다.

[영어 DVD 활용]

출처: kungfupanda.wikia.com/pixar.wikia.com

또한 이와 별도로, 아이들 방에나 거실에는 초등 영어 단어에 관련된 학습 교구들이 널려 있어야 합니다. 아이들이 학교에서나 주변에서 영어를 사용할 기회가 좀처럼 없기 때문에 집안에는 영어 노래나 동화 이야기 CD를 자주 들려주고, 알파벳과 단어를 재미있게 놀면서 학습할 수 있도록 자연스러운 '영어습득 환경'을 만들어 주어야 하지요. 영어공부가 의식적이고 계획적인 활동이라면 영어습득은 모국어처럼 자연스럽고 놀이중심의 활동이라고 말할 수 있습니다.

**[영어문장 카드 활용]**

아이가 이미 초등학생 고학년이 된 경우라면 잘 알려진 영어동화와 함께 영어듣기를 매일 실시해야 합니다. 동화내용을 이미 숙지하고 있는 아이들은 이것을 영어로 듣더라도 충분히 이해합니다. 중요한 것은 동화책을 눈으로만 읽지 말고, CD에 녹음된 원어민의 영어발음을 따라서 소리 내어 읽고 자주 반복하여 듣기를 해야 한다는 점입니다. 영어듣기도 어릴 적부터 해야만 청취와 발음실력을 향상시킬 수 있기 때문입니다.

결론적으로 말해서 영어공부를 잘하기 위해서는 많은 영어교재가 필요한 것이 아닙니다. 아이들의 수준에 알맞고, 아이들이 좋아하는 소재를 중심으로 **매일 반복하여 영어를 공부가 아닌, 자연스러운 생활습관으로 만들어주는 것**이 핵심입니다.

## 4. 발달장애 및 학습부진 아동교육

아이가 모국어를 유창하게 표현하지 못할 경우에는 외국어 또한 다르지 않습니다. 영어의 단어나 문장을 정확하게 알고 이해하더라도 영어 발음이나 회화를 흉내 내며 즐겨 하지 않지요. 이 점은 소극적이고 말이 별로 없는 성인들도 마찬가지이지요. 사람들은 애나 어른이나 자신의 성격대로 공부하고 살아갑니다.

초등학교 영어 학습 시, 평범한 아이든 언어 발달장애를 갖고 있는 아이든 간에 공통적으로 중요한 것은 영어단어나 읽기보다는 듣기가 우선시 되어야 한다는 점입니다. 영어 동화이야기나 영어노래 CD를 가정에서 규칙적으로 들려주며 습관화 시키는 것이 아주 중요합니다. 초등학교의 영어수업 시간만으로는 충분하지 않고, 외국어 학습을 습관화 시키기는 어렵습니다. 가정에서 부모가 매일 30분 이상 들려 주고 함께 발음을 연습하는 것도 좋습니다. 만일 아이가 듣기에 집중하지 못할 경우에는 오디오 보다는 비디오 동영상을 보여주는 것이 좋습니다. 문자나 소리보다는 그림이나 이미지의 연상을 통해 영어를 공부하는 방법은 초등학생들에게 매우 효과적일 수 있습니다.[7)]

한편으로 영어 사교육을 통하여 아이에게 영어발음과 회화를 가르쳐주는 것도 좋지만, 이것도 매일 가정에서 연습하는 것만 같지 못합니다. 영어단어를 많이 알고 해석을 잘하는 것도 좋지만, 영어를 생활화하여 자연스럽게 익히는 환경을 만들어 주는 것이 훨씬 중요하지요. 물론 아이가 중학생이 되면 영어 문법이나 해석이 중요하게 되겠지만, 그 전에는 재미있는 영어 CD나 DVD를 통해 많이 들려주시길 바랍니다. 만일 아이가 음악이나 축구 혹은 과학이나 생물분야 등에 관심을 깊게 갖는다면 디스커버리(Discovery), 내셔널 지오그래픽(National Geographic), BBC 등의 다큐멘터리를 한글자막을 가리고 부모와 함께 시청하는 것도 좋겠습니다.

7) 장진태(2011). *단어연상과 이야기구성을 통한 초등영어 어휘지도*. 교과교육연구. 15(3)

# Epilogue

## 게임 후 공동체 활동

여러분이 이 책에 제시된 유아용 혹은 초등용 보드게임 판을 충실하게 따라왔다면 아마도 족히 한두 달이 훌쩍 지나갔을 것입니다. 특히 일곱 가지 보드게임 사이에 놓여있는 관련 학습활동을 빠짐없이 수행했다면 시간가는 줄 모르고 아이와 재미있게 공부놀이를 했으리라 믿습니다.

아이들에게 공부가 지겨운 활동이 아니라, 정말 재미있는 '놀이'가 되었으면 얼마나 좋겠습니까? 물론 공부한다는 것은 꾸준한 연습과 인내를 통하여 발전하는 것이지만, 이 과정에서 분명한 목표와 과정 그리고 보상이 없다면 결코 꾸준하게 성장하지는 못할 것입니다. 보드게임은 학부모 혹은 교사 여러분이 경험하였듯이 아이들에게 공부의 즐거움을 선사할 수 있지요. 다만 이것을 교과서나 학습과정에 어떻게 매칭시킬 것인지가 중요한 관건입니다. 특히, 발달장애아를 지도하거나 학습부진의 어려움 속에서도 희망을 포기하지 않는 학부모와 교사들을 응원합니다. 아이의 타고난 지능수준은 어쩔 수 없지만, 아이의 재능이나 기질마저 무시하거나, 결코 과소평가해서는 안될 것입니다. 보드게임을 통하여 아이가 조금이라도 변화하고 발전할 수 있다면, 부모나 교사에게는 얼마나 큰 기쁨이겠습니까?

요즘에는 보드게임을 학교 방과후 프로그램이나, 동네 주민자치센터 등에서 활동할 수 있습니다. 그러나 가장 우선시 되고, 바람직한 활동은 가정에서 자녀와 함께 보드게임을 함께 하는 것입니다. 엄마 아빠 혹은 가까운 동네 친구들과 어울려 보드게임을 하는 동안 아이들은 시간가는 줄 모르고 사람들과 어울리며 지낼 것입니다. 평소에 혼자 내버려 두면, 컴퓨터 게임을 하거나 몰래 스마트폰을 만지작거리면서 사람들과 소통을 하지 않던 아이가 금새 환한 얼굴로 웃고 떠들어 댈 것입니다. 이 얼마나 다행스러운 일입니까?

그러므로 보드게임 활동은 아이의 학습뿐만 아니라, 가족과 친구들의 올바른 관계를 회복시켜 줄 수 있습니다. 텔레비전만 보고, 가정교육에 소홀했던 아빠가 자식과 진정으로 놀고 대화할 수 있도록 돕는 매개체가 바로 보드게임이지요. 부모와 교사는 아이들이 보드게임을 통해 더욱 성장하고 발전할 수 있도록 보드게임 대회나 지역 공동체 학습 활동에 참여시키는 것이 바람직합니다. 이 책을 읽고, 보드게임을 수행한 여러분들도 저와 연락하면서 꾸준히 발전하시길 바랍니다. 여러분의 가정과 학교생활에 항시 믿음과 희망이 가득 차길 소원합니다.

장진태 교수 보드게임 블로그 http://blog.naver.com/e_homeschool

# 참고문헌


### 논문

김교헌(2007). *중독, 그 미궁을 헤쳐나가기*. 한국심리학회지: 건강 12(2)

안성혜. 송수미(2007). *창의력 계발을 위한 학습게임의 설계*. 한국콘텐츠학회. 7(7)

윤형섭(2009). *MMORPG의 재미 평가 모델에 관한 연구*. 상명대 박사논문

장진태, 이경록(2011). *영어읽기능력 향상을 위한 우뇌 마인드맵 기법*. 외국어교육연구. 25(2)

장진태(2011). *단어연상과 이야기구성을 통한 초등영어 어휘지도*. 교과교육연구. 15(3)

장진태(2012). *홈스쿨링 조기영어교육에 관한 초등학생 학부모의 인식과 역할*. 인문학연구. 44

최순석, 김교헌, 심금비, 권선중 외(2008). *게임 이용에 대한 인식 및 행동 진단 모델 연구*. 한국게임산업진흥원연구보고서 08-001.

한승(2013). *어린이 환경교육을 위한 게임기반학습 디자인연구*. 광운대 석사논문

### 서적

구보타 기소우(2014). *손과 뇌(손은 외부의 뇌이다)*. 바다출판사

김미라, 정재은, 최정금(2007). *EBS 60분 부모*. 경향미디어

김명미(2008). *초등읽기능력이 평생성적을 좌우한다*. 글담출판사

김상균(2014). *교육, 게임처럼 즐겨라*. 홍릉과학출판사

김영훈(2012). *아이의 공부두뇌*. 베스북스.

김정완(2009). *언어발달을 돕는 우리아이 언어지도*. 한국학술정보

김정태(2015). *Gamification & Game Artshow*. 홍릉과학출판사

김지현. 류수경(2014). *잠과 두뇌(삼성과학학습만화2)*. 삼성출판사

김진우(2014). *언어와 언어이론(소쉬르에서 촘스키까지)*. 한국문화사

김종훈, 양영훈(2014). *꼬마해커의 작업실, 스크래치*. 한빛미디어

김종훈(2014). *스크래치 알고리즘*. 한빛미디어

남춘자. 박종성(2008). *Why? 뇌(초등과학학습만화)*. 예림당

노경선(2007). *아이를 잘 키운다는 것*. 예담

노암 촘스키(2007). *촘스키 사상의 향연*. 시대의 창

데니스 브로디(2007). *놀이방의 코끼리(장애아 부모들의 색다른 행복 찾기)*. 크림슨

모리 아키오(2003). *게임뇌의 공포*. 사람과책

박진균(2009). *기질별 육아혁명*. 파인앤굿
백영균(2006). *게임기반학습의 이해와 적용*. 교육과학사
스기야마 토시로(2007). *부모를 위한 발달장애 이야기*. 마고북스
아베 가즈히로(2013). *두근두근 공부발전소*. 글봄크리에이티브
요코미네 요시후미(2009). *아이를 천재로 키우는 4개의 스위치*. 토트
에드워드 데시, 리처드 플래스트(1995). *마음의 작동법*. 에코의서재
에란 카츠(2008). *슈퍼기억력의 비밀*. 황금가지
존 홀트(2007). *아이들은 어떻게 배우는가?* 아침이슬
질 벨린슨(Jill Bellinson)(2008). *보드게임을 활용한 아동심리치료*. 시그마프레스
칼 비테(Karl Witte)(2008). *칼 비테의 자녀교육법*. 베이직북스
템플 그랜딘(2005). *나는 그림으로 생각한다(자폐인의 내면 세계에 관한 모든 것)*. 양철북
토니 부잔(Tony Buzan)(2010). *토니 부잔의 마인드맵 두뇌사용법*. 비즈니스맵
토마스 웨스트(2009). *글자로만 생각하는 사람, 이미지로 창조하는 사람*. 지식갤러리
패트리샤 하울린(Patricia Howlin)(2002). *자폐증과 아스퍼거증후군 아동*. 시그마프레스
하야시 나리유키「두뇌를 깨우는 7가지 습관」김영사, 2011.
호아킴 데 포사다. 레이먼드 조(2011). *바보 빅터(17년 동안 바보로 살았던 멘사 회장의 이야기)*. 한국경제신문
EBS 제작진(2011). *기억력의 비밀(EBS 다큐프라임)*. 북폴리오
Tammet, Daniel(2006). *Born on a blue day(Inside the extraordinary mind of an autistic savant)*. New York: Free Press.

## 저자 소개

### 장진태 교수

학부에서 영어영문학을 전공하고, 대학원 석사과정에서 셰익스피어(Shakespeare)을 전공하였다. 이후, 영국으로 유학을 가서 영어교육학을 전공하였으며, 맨체스터대학교(Univ. of Manchester)에서 멀티미디어 교육학(CMC) 박사학위를 받았다.
연세대, 이화여대 및 한국외대의 대학원에서 멀티미디어 언어교육학 강의(CALL)를 하였으며, 2004년부터 한양사이버대교양학부 전임교수로 재직중이다. 기능성 게임인 보드게임에도 지대한 관심을 갖고 있으며, 특히 홈스쿨링및 가정학습을 통하여 부모교육에 앞장서고 있다. 멀티미디어를 활용한 창의-융합교육과 학습의 게임화(Gamification) 혁신에 노력하고 있다.

- E-mail: jintae.zhang@gmail.com
- 보드게임블로그운영http://blog.naver.com/e_homeschool

---

### 잠든 뇌를 깨우는 보드게임(창의교육 편)

인쇄일 | 2016년 7월 15일
발행일 | 2016년 7월 20일
저　자 | 장진태 지음
발행자 | 우명찬, 송 준
발행처 | 홍릉과학출판사
주　소 | 01093 서울시 강북구 인수봉로 50길 10
전　화 | (02) 999-2274~5, 996-8341, 903-7037
팩　스 | (02) 905-6729
이메일 | hongpub@hongpub.co.kr
등록일 | 1976년 10월 21일 제5-66호
ISBN | 979-11-5600-4479　93000
http://www.hongpub.co.kr

값 14,000원